教育同心徑：校長也上課三

The United Path to Enlightenment

Back to School III

目錄

何志豪
同心教育基金會主席

時光荏苒，《教育同心徑：校長也上課三》轉瞬間已是同系列的第三本著作。《校長也上課》系列由同心教育基金會（香港）出版。記得2015年出版《校長也上課》時，我曾在前言中説「衷心期望，這是第一課，而第二、第三課將陸續開展。」幾年後，願望成真，《校長也上課三》果真如期出版！香港校長們、專業教育同工們進修學習乃至關心教育議題與本會的宗旨不謀而合，而《校長也上課》系列在香港同類型書籍中也是絕無僅有，出版後便深受關注。因此，出版《校長也上課》系列書籍也成為了本會其中一項重要項目。

前言

該要感謝誰呢？

首先，供稿的校長們及其他專業教育同工應記首功。校長們的第一課主要稿件緣於一群赴上海參加由教育局教師及校長專業發展委員會籌辦的研習班的新進校長，他們在境外學習的所思所想而結集成書。校長第二課題為《教育同心行：校長也上課二》，稿件來自灼見名家傳媒中「教評心事」專欄各作者的供稿；而第三課，本書《教育同心徑：校長也上課三》亦繼續獲得「教評心事」專欄作者們的支持。三、四年間，我們通過這三課，與超過50位來自香港不同中小學的校長及教育界同工進行專業交流。可以說，沒有各位作者的承擔，《校長也上課》系列難以持續出版。

其次，要感謝合作夥伴教育評議會及灼見名家傳媒，他們的支持令《校長也上課》系列每次均能順利如期竣工。當然，我亦要感謝本會的各位理事，他們無私的付出，全力支持本會的各項活動，致使本會成立雖短短三年，已廣為教育中人認識。祝願《校長也上課》年復一年，記誌本港教育菁英對教育的論述，在香港教育史上留下重要的一頁。

何漢權
教育評議會主席
風采中學校長
香港大學中史碩士同學會會長

教育是歷久卻要常新的行業。這個行業既要力保民族文化的優良傳統，同時又必須適應滔滔大潮，不斷創新，但究竟什麼是教育的功能？教育的深層意義又是怎樣？人言卻人殊。皓首窮經與雲淡風輕都屬教育的執着與境界！

可以這樣說，教育園地與成就人才，是否同一的專業領域，永遠是爭論不休。說家庭教育重要，但最傷害孩童之地，往往是「可愛」的家庭；認為學校教育重要，學生的天份與學習樂趣，學校或會成為扼殺之地；大學教育是海闊天空，為何要尖子沿着明德格物、博文約禮之路進發，又

序一

是如此艱難？天才總是要及早離開教育園地，引亢高歌方能成才。

吊詭的是，儘管教育的每一角落不斷受到質疑，但任何文明社會，卻又十分重視教育，認為是一切文化與文明發展之源，哪裏愈重視教育，哪裏的市民、國民、公民的素質就愈高，這又是硬道理，是普世的價值！

樂觀看教育，魅力常在！同心教育基金、教育評議會及灼見名家傳媒，三個不同的民間組織，懷抱赤子之心，鍾情教育的本質相同。教育評議會以凝聚專業，推動教育專業為職志；灼見名家，容納不少高水平的教育文章，是香港媒體罕見，「教評心事」專欄就是其中一面旗旛；而同心教育基金會的成立日子雖然最短，但由何志豪主席及眾執委帶領下，用心用力專做永遠「蝕本」的教育事功，單以出版刊物而言，至今已贊助出版不少教育文集，寄予全港中、小學及教育機構，這回的《教育同心徑：校長也上課三》是其中一本。

柳暗花明，教育依然盛載一個又一個美好故事，《教育同心徑》見證書中教育有心人的同聲話語，沒有稿費，卻是情理兼備，逐筆逐篇成章。沒有相約，卻能一起漫步教育同心徑！

文灼非
灼見名家傳媒社長

《校長也上課》系列出版第三集，收錄了多位校長及資深教育工作者一年來的精選文章，彌足珍貴。灼見名家傳媒與教育評議會三年多來無間斷的合作，碩果累累。

過去一年，香港經歷過不少轉變，去年這個時候新特首剛選出，新人事，新作風，教育界也有很大的期盼。新任特首林鄭月娥擔任政務官30多年，沒有涉獵過教育範疇，競選期間，禮賢下士，積極聽取各方教育專家的意見，教育評議會主席何漢權校長也是顧問之一，盡心盡力為香港教育未來出謀獻策。新特首把教育政策視為她施政綱領的重中之重，上任之初即增加50億撥款，顯示出她的氣魄與擔當，暫時紓解了教育界的一些困境，這是一個良好的開始，但香港教育問題千頭萬緒，錯綜複雜，需要一個有魄力的管治團隊推行政策。

2012年梁振英出任特首不久，發生了反對國民教育的社會事件。教育局首當其衝，新任局長出師不利，無論是教育專業與政治觸覺，都被質疑並非理想人選。五年來這位問責局長無法施展，

序二

期間更經歷了對教育界影響深遠的佔領運動，教育變得高度政治化，無論大、中、小學都無法倖免，教育新聞往往成了政治新聞，對教育界造成很大的衝擊。

當新特首準備為新一屆政府的問責局長組班時，誰是教育局新局長引起廣泛關注。去年我因緣際會，有機會採訪了被個別媒體盛傳有機會破格出任教育局局長的陳美齡，她親口否認了有關傳聞，這個獨家專訪引起了不少媒體的興趣，獲得廣泛報道。陳美齡本身是教育專家，史丹福大學博士，具國際視野及經驗，而且教子有方，一門數傑，社會期待一位有水平、有新思維的人士擔任教育局長，多少反映市民有求變的思想。

去年7月1日新上場的問責班子，新特首主要從政務官體系物色主要官員，教育局長由副局長楊潤雄接任，沒有為教育局界帶來太多驚喜。不過，他在擔任副局長五年期間盡心盡力，與各界有不錯的互動，口碑不俗。去年在灼見名家舉辦的三周年論壇，我邀請了幾位教育界代表分享對新施政的看法，楊局長欣然答允出席，與香港科技大學陳繁昌校長對談，由何漢權校長主持及互動。另外，騰訊主要創始人陳一丹從商界的角度暢談他對教育的想法與創辦一丹獎的初心。相關內容在灼見名家網站作了詳盡報道及分析，有興趣的讀者隨時可以免費閱讀。

從2014年10月開創至今，灼見名家傳媒視教育為重點，每天上載幾篇教育、文化主題的專家作品，幾年下來，已經建立了我們的品牌。「教評心事」專欄每周五天，風雨不改，感謝一批有心的教育界人士長期支持我們。這一年來，喜見再有數位有心人加盟，寫作團隊精英雲集，各擅勝場，對各種教育議題作及時的分析評論。本文集所輯錄的只是各作者一年下來的精選文章。今年的其中一個重點，是對回歸20年香港教育政策的回顧與檢討，多位校長、老師的觀點擲地有聲，感情真摯，很有參考價值。其他作者，或分析校長角色、學校管理、海外經驗、師生關係，或分享人生哲理、歷史識見等，佳作紛陳，可喜可賀。

感謝同心教育基金會及教育評議會一直以來的鼎力支持，讓灼見名家傳媒精益求精，不斷進步。

黃冬柏
新會商會中學校長

感謝「教評心事」專欄作者多年來的支持，以無限心力撰文滋潤這片網絡園地，同時亦要多謝同心基金的支援和聯繫多位同工，以及灼見名家傳媒的專業編輯服務，三者疊加起來的成果就是《教育同心徑：校長也上課三》這本結集。

同心教育基金會、教育評議會、灼見名家彷彿是個鐵三角，讓上次《教育同心行》的合作持續發揮力量，把我們對教育的理想與情懷，以文字方式留下印記。當然，希望這個印記不只留在為結集撰文的作者團隊，最好能夠感染到翻閱文集的讀者，更多思考本港教育現場的種種，甚至身體力行參與發展，同塑美好的教育理想，實踐更為優化的教育環境。

近三年多的經營，「教評心事」專欄的作者人數已增加至20多位。為求結集可以精益求精，本結集選定的文章數量與以往的都是大致相若。因此每位作者只能按刊出文章份量的比例，選出自己的文稿；即使如此，文集的內容仍然是多姿多彩，各適其式。

編者的話

教育評議會的最大特色就是評議，因此多位作者都是擅長針對教育政策、教育現況、社會與教育、社會政情對教育的影響等作出評論。在過去近20個月來任何教育熱點和時事，基本上都被一眾作者納入成為筆下生花。讀者可以細讀何漢權、蔡國光、馮文正、曹啟樂幾位的文章，即可了解眾人對當前教育現況的關注及論調。其次，作者團隊中多位本身崗位既是校長、也是十分關心學校教育素質的有心人，所以落筆偏重教師專業發展和學校領導與管理範疇。不妨翻讀鄒秉恩、朱啟榮、楊佩珊、梁鳳兒等人的文章，可見一斑。

在基礎教育階梯內，小學是十分重要的一環，如何在小學校園營建有利學童成長和學習的氛圍呢？最好當然是由小學業界人員加以解說，蔡世鴻、陳章華、翁美茵、黃智華、陳家偉等在這個範疇都有深刻的描繪。自新世紀以來，中學課程都有大幅度的變革，所以都引起業界中人的關注，

從黃家樑、黃冬柏、梁振威、楊永漢幾位的文章，都可以觀察到目前的教育現場境況。當然亦有一些跨中小學範疇或涉及銜接延續的內容是值得我們關心，由鄧兆鴻、陳偉倫、張海暘、周慧儀幾位的文章就可發現到。

最後，教育界除了教師尚有不同的專業界別成員，提供服務和協助參與。這些同工可能曾是教師校長，但現時都在其他崗位上支持本地的教育大業，他們的角度往往又會帶來很不一樣的視野，讀一讀邱國光、余錦明、彭智華的文章，定當帶來更豐富的思考。

以上任何一位作者絕對有能力獨自出版專集。不過借助我們的平台，能夠整合各方面專才，並選出他們的心水作品，可以一書在手，這就是我們這本結集的意義。正如過去兩次出版結集時提及的宏願，希望努力地筆耕，業界有相應的迴響，讓我們借用文字交流思想和經驗。

作者簡介

何漢權，教育評議會主席，現職風采中學校長，香港大學中史碩士同學會會長。長期關注學生成長、家庭教育、教育政策、教學專業及國史等課題，獲大專院校及中小學邀請擔任講者。現為《信報》及《星島日報》教育專欄作者。香港電台節目顧問、全國港澳研究會理事、海華基金師鐸獎評審委員、第一屆至第四屆選舉委員會委員（教育界）等。

香港應成為國史教育中心

編按：香港青年史學家年獎2017於12月3日在香港大學王賡武講堂舉行，本文為會長何漢權的演辭。

真的有點新時代的況味，香港中學初中中史科第二輪的再諮詢，放在特首林鄭月娥公布初中中史要獨立成科之後，使得這次中史科的諮詢引起全城，特別是媒體的關注，熱鬧得很。中史科這塊瘦田，過去長時間並無多人願意去耕，但這一兩年，卻又使得大家都會用不同的耕具去耕，但能否深耕細作，有利於中史科的發展，還要看未來。不過，先放在眼前的，藉着中史科課程的再諮詢，要選票的政黨，要吸引受眾眼球的新舊媒體，要存在就必出道理，於是恐怕中史科新修訂的內容，成為「洗腦科」之說，甚囂塵上。

歷史的問題，還須從歷史尋找答案。15年前，筆者與志同道合的本科前線教師，就當時香港教育局課程發展處提出，可以用廢科融入的方案，此即可容許學校將中史的「科目」（subject）刪去，改以元素（element）滲入其他領域裏學習自己國家的歷史，如此割體式的學習，當時社會的輿論確有反對聲音，但執掌資源及制訂課程政策的大員，卻未有理會，堅持中史科可以拆散學習，學校要保留亦可隨意。筆者當時鄭重提出，「國民教育的根本，

香港青年史學家年獎及全港中學中國歷史獎勵計劃，廣受年輕人歡迎。（作者提供）

實源於國史教育，國史教育載體，對香港學生來説，就是中國歷史科」，這科可優化，絕對不能矮化，也不能拆散，亡人之國是先亡其史。事實上，國之為國，必有國史。而中國歷史的研習已發展成寶貴的學問系統，薪火相傳，漢代已有司馬遷提出「究天人之際，通古今之變，成一家之言」，至清代章學誠有「無徵不信，孤證不立」、「六經皆史」之論，再到民國傅斯年的「一分材料説一分話」，而錢穆先生有言「凡一國之民當對國史有基本認識並存溫情與敬意」。中國歷史的研習內容和方法，以及習史的作用與意義是相當清楚的。

所有的歷史都是當代史

從教育現場看，在中史要獨立成科的大前提下，是回初中中史諮詢文件，明顯是要讓初中學生連續三年，基本掌握中國歷史全貌，由夏商周至1978年後的共和國，香港都有觸及，這份誠意與意志，筆者是欣賞的。但好心並不一定成就好事，因此，

如何讓教師與學生在有限時間的中史課堂上，能讓史事變遷，川流不息，卻又要深入淺出認識國家歷史，由此再學習中國文化及了解現代國情，這是對第二次諮詢課程續後再審視的重要原則。

至於政黨與媒體引發，社會最關注的六七暴動（或稱反英抗暴）乃至六四事件，筆者認為，課程未有白紙黑字寫上，中史科老師當翻閱「共和國與香港」一章的時候，1978後國家改革開放的綜合成就，造就舉世公認的發展奇跡，讓國人引以為榮的一面，必會講授。但與此同時，1967年六七暴動以至1989年六四事件，老師亦會向學生觸及此課題。當然，個人認為，若以附件寫上具爭議的現代史事，臚列不同的「結論」並無不可。

倒是從「所有的歷史都是當代史」的論史觀念與學理看，中史科專業教師現時最擔憂的是能否有充足的課節，能教授昨天的全部中國歷史。因此，在保證初中中史科

獨立必修的前提下，並增加中史科的教學支援，是十分有需要的。最後，筆者必須提出，一國兩制下的香港，長期中西文化的薈萃，歷史的必然與偶然相激相盪之下，成就這裏為國際金融、服務、航運以及法治中心，積澱深厚。此際特首林鄭月娥宣布學校要高度重視中國歷史科之際，香港未來能否成立國史教育中心，筆者認為應沿此路前進，畢竟，在這裏師生們可以不黨、不私、不賣、不買、不盲，認真研習本國的歷史，相對於台灣與內地要背負沉重的政黨包袱，香港蕞爾小島要承受的壓力是輕省得多。樂觀前望，香港確實可以繼成為國際金融中心、法治中心、旅遊服務中心後，進一步運用一國兩制之利，發展成國史教育中心，為中華民族發揮獨特的貢獻。

本會成立不覺十年，一直為國史教育推動而努力不懈，回顧前瞻，我們滿懷感恩，中史研習獎勵計劃、香港青年史學家年獎、暑假遊歷學習，年年舉辦，年年都廣受歡迎，青燈下，本會必須向曾支持上述活動的所有團體、媒體與善長致謝。這裏，我必須特別感謝年度贊助人郭媛平女士的慨捐，從而讓我們的遊歷學習，走得更遠亦更有力，用更廣闊的視野，情理兼備感受香港、祖國與世界如何息息相關，由中華延展的曲折離奇，民族情愛的萬千故事。

2017年12月4日

香港民主教育 東歪西倒

中華文明與文化積澱五千年，性情教學、家庭倫理早已有之，川流不息，代代相傳，價值凝聚，民族博成，這是中華民族的強韌生命力，不以政權的更替而轉移，更不以個人的喜惡而改變。以小入大，先秦時代，孟子已有四端章，範文經典，人皆有惻隱之心，見孺子將墮於井中，必會挺身而救，這是人性本善的具體心理勾劃，也是教育要把善性擴充的樂觀基本。儒家的碎語，亦能描繪大道理，人誰無錯，錯而能改，善莫大焉！

貼冒犯標語心態

但看教育大學民主牆上，出現撻生者、辱死者的白底黑色大字，竟然出現「恭喜」母親喪子墮樓之痛，死者為大，同樣以魂歸西天而「恭喜」之，如此冷血刻薄言詞，不但寫出來，更要以大字標題式橫放在公開的民主牆上，公然踐踏最基本人性道德標準。事件出現，沉默的學界同聲譴責。教大校長亦站在公眾面前，先譴責元兇的冷血涼薄，事情發生在教大，張校長亦有所擔當，再向公眾致歉。校董會主席馬時亨同樣就事件帶出反思的質問：「如

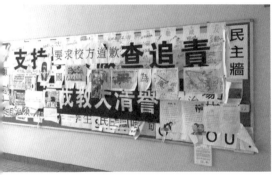

言論自由、民主推動，不能與基本善良的人性脫軌。
（灼見名家）

果你是家長，你想不想昨日做出這行為的兩人，作為你們的老師？」這對暴力語言、暴力文字的譴責之聲，由教大到大街小巷，都是聲聲入耳，毋須爭議。

但很可惜，教大學生會的負責人卻對踐踏人性、毫無人道的張貼者，極其體諒，說成是一宗具道德爭議的事件，既有道德爭議，誰人都不能做道德審判官，更不能把學生以言入罪，更警告校長，要保護言論自由、要保障學生私隱、有違者必須公開道歉云云！這叫化被動為主動。

可以這樣作個小結，按教大學生會的論述，民主牆上，言論自由之下，並無對錯，就算有錯，不管大小，都要情有可原，而所有錯處出現，要反思都要由別人開始，要從責怪時勢開始，果真是年少輕狂，再加民主言論自由興師，最終是辱人無罪！

身逢「亂世」，亂字就要當頭，傷春悲秋必然，「雞蛋」常常是被迫撼高牆的了。於是，另一邊廂，中大學生會前會長粗口爛舌，以「支那」稱呼內地學生，亦辱罵全體

中國人，一石二鳥，來來回回，反反覆覆。

事後該生所屬學院的院長，敢於承擔出信譴責，學生的回應是，因內地人的挑釁，才有這樣的言行反應，言下之意，錯處又不屬己方，而是對方。學生辯論比賽總結都是如此這般的，認輸就不會贏了。因此，院長的公開信必然是要受攻擊的對象，強加院長是受人所壓才寫下此公開信，這樣，就輕易為自己要對抗強權而加添黃袍外衣。總之，院長公開信從格式到內容都是問題　籮籮，是萬般皆卜品，是無心亦無力保護學生！至於院長公開表示出信的最大原因是「愛之心、責之切」，對民主無罪、港獨有大條道理的學生領袖而言，受冷對待又是必然的了。

確實，學生領袖們對「理想熱情」的追尋，一面倒地，同樣被另一「理想熱情」更高的意見領袖、政黨人士支持、甚且歌頌，是吾道不孤。因此，本來是違反基本人道的公開張貼的冷血辱人字句，卻變得事出有因，百般無奈的情有可原；本來是違反《基本法》的「香港獨立」橫幅，更要顯得理直氣壯，高高懸掛，隨風飄揚，彰顯正義的了。實情是這樣嗎？

學生完全不認錯

美籍日裔學者法蘭西斯·福山（Francis Fukuyama），在《歷史之終結與最後一人》曾指出，自由民主與資本主義將定於一尊，但現實政治、經濟與社會不斷變

化，福山於2014年的《政治秩序及其衰落》修訂看法，指「效率」、「法治」與「民主」是國家有效運作的三部曲，先後有序，民主自由並非獨佔鰲頭，福山有這麼一段説話：「上街頭或網絡投票之類的『直接民主』是不可行的，因為，多數民眾並沒有知識水平和時間去了解極度複雜的政策和未來影響，最後只能被簡單口號操縱，等於被媒體老闆操縱。『直接民主』，作為政府形式之一，是完全無法運作的。」

確實，從教育現場看，言論自由、民主推動，不能與基本善良的人性脫軌，更不能離開法治。自詡文明、文化水平高、讀書不少的民主人，看得更重的是道德操守，但公然侮辱母親喪子之痛、大搖大擺在校園內高掛違反香港《基本法》的「香港獨立」旗旌，這是文明社會的民主推動必然嗎？

執筆之際，看到各大學學生會發表聯署聲明，再奉民主自由之名，用難以入目的字眼，先罵特首林鄭箝制學生表達自由，又謂特區政府大興文字獄，再指摘中大校方已淪為政權護航機器，要言之，千錯萬錯，錯就在對方。

青少年是社會未來的主人翁，如果由那些永無錯誤的學生進入社會掌航，結果會怎樣？而「有識之士」把民主教育弄得東歪西倒，任意單邊穿插，違法達義，局面又會怎樣？大家心驚膽顫！

原刊於《信報》

2017年10月20日

回歸20年前後的香港

回歸20年，當思一國兩制。廣府話活靈活現，「唔怕唔識貨，最怕貨比貨」，20年前後的香港，社會法治、政治民主、言論與出版自由，貨殖民生，乃至出入境自由，究竟是嚴重退步，抑或是逐步有所推展？香港人，若然有20年前後，在獅子山下生活經驗的，並能夠「擺事實、講道理、説感受、明思辨、向前看」先後有序，理、情兼備的仔細分析，回歸20年的香港狀況，雖然時有風雨，但雨過天晴，

蔚藍的日子仍然多着，這裏的法治、民主、自由以及民生，一步一腳印，確實較回歸20年前有所改變，這改變是帶來不少的進步。

公開競逐特首 大眾媒體監察

回歸20年前的香港，誰是港督，港人根本毫無討論空間，行政局聯同立法局，絕對是橡皮圖章，今天香港特首選舉雖然未有西式無篩選的一人一票，但公開的競

回歸20年的香港狀況雖然時有風雨，但雨過天晴，蔚藍的日子仍然多着。（亞新社）

逐，陽光下接受市民的評頭品足，指指點點。候選特首出現在眾多媒體面前，演繹政綱，市民大眾可點頭稱是，亦可戚眉弄眼，以表不滿，如此全面開放，一步一步前進的民主，港英統治近160年，從來都沒有。當然，政改方案被否決，市民大眾本來可以有第二層的一人一票選特首的機會，卻被政客強行奪去，奪去香港市民可憑獨立的個人意志，選上自己心目中的特首，不用給選舉委員完全壟斷，對特首候選人頤指氣使的了。

香港人喜歡境外旅行，拿着特區護照免簽證，可周圍去的國家或城市，記不清楚有多少了。記得回歸20年之前，港人如筆者大部份都拿着不能說明國民身份的「身份證明書」，能獲免簽證的，

究竟又有多少個國家或城市呢，筆者印象中的認知，答案是「沒有」，要去英、美等西方民主國家，持「身份證明書」的香港市民，要大費周章，方能獲得簽證。

香港今天的民主選舉，直選議席在增加中。另外，筆者的印象，回歸20年之前，行政局聯同立法局的尊貴議員，也有議政的機會，但可以在議事堂上向港督擲玻璃杯？倒插英國國旗？以說比髒話更髒的「人渣」去形容港督嗎？說回歸20年後有大倒退，某些民選議員的言行就是了。

原刊於《星島日報》

2017年6月22日

作者簡介

蔡國光，香港中文大學新亞書院歷史系畢業，香港中文大學研究院文科碩士。資深中學教師，長期關注及評論教育政策。認同學生從「做中學」、鼓勵探究式學習；身體力行，領導學生考察研習。現為中學校長、教育評議會執行委員、香港教育大學在職教師專業進修課程諮詢委員會委員、香港電台節目顧問團成員。曾任教育評議會主席（1998-2000、2004-2008、2012-2016），香港特區選舉委員會委員（1998-2016）、香港特區政府中央政策組（非全職）顧問等事務。

大學收生與高中課程

港科院徐立之教授表示香港科研人才出現斷層，建議加強理科教育，培養科研人才；並就此對香港的高中課程提出了一些意見。包括現行四個核心科目（必修必考）的設計，減少了學生修讀選修科的數目，高中課程對數理教育不夠重視，以至學生學科選修考慮的偏差等。

高中教育發展成為普及教育

2009年開始的新高中，包括學制及課程的變革。兩年高中兩年預科及三年大學制度改變為三年高中及四年大學制度，高中及預科的各個學科課程重新整合為三年制課程，高中成為普及與免費的教育，學生修讀四個核心科目，及一般選修2至3個學科。

原來升讀本地大學只需要中、英語文及格（高補程度），擴展至數學及通識教育，四個學科要達最低3322的水平。選修科目的設計也鼓勵文中有理，理中有文的通才發展。舊學制的理科學生，或者就是科研人才的備用梯隊，原來在大學預科兩年修讀高級程度的物理、化學、生物，再加上高級程度的純粹數學、數理知識基礎相對鞏固。

從2009年到今年的高中學生，4個核心科目以外，選修三科的學生人數大幅減少，部分

高中教育是否只有一個目的，就是為升讀大學，考好文憑試做預備？（Pixabay）

學生更退減至只選修一科報考文憑試。至於數學科，基本課程固然不足以應付日後大學理科的需要，數學科的延伸單元，無論是單元一或單元二，皆非獨立學科，如何有序施教，更是各校做法不同，高中數學課程從定位及施行，持續相對混亂了一段日子。

高中教育發展成為普及教育，所有學生修讀相同的4個核心科目，相對過往升讀大學，學生剩餘課程時間可選修的學科，也就較過去中學會考年代，中英數以外，選修4至5科，以至6科有所減少。但相對舊制高級程度會考年代，一般最多修讀三個高級程度選修科，並無明顯減少。尤其是理科學生，現時學業表現較佳學生，較多仍以修讀理科為優先，亦維持一定數量的學生修讀三個理科選修科。

過去每年大概3萬人應考高級程度會考，現時是每年約6萬人應考中學文憑試，多出來的學生人數，一般並不能達到4個核心科目3322的成績，不少是連5科2級也未達。徐教授關注的，是高中學生成績較前列的學生；這批學生現時是多了一年時間在大學好好學習。至於高中課程的理念及政策，如要探討的話，需要討論如何更好地面向全體學生。

大學各院校收生近年已有變化，由最低的4

個核心科目加一個選修科，較多已調整至4+2，以至4+3；也有將兩個語文科的等級要求提高，或將某些學科的等級成績倍大計算；也有在符合3322以後，以最佳5科成績計算。大學的首要策畧，不同院校每年調整至最符合院校自身收錄學生的需要，包括在收生競爭上能收錄足夠數量而學業表現可以最佳的學生。

但從學校教育的角度，還是要問一句，高中教育是否只有一個目的，就是為升讀大學，考好文憑試做預備？抑或高中教育作為普及教育、基礎教育，升學考試只是其中一個部分。而且，以現行學科課程的設計，大部分考生最終的考試成績並未達至本地升讀學位的3322這個最低門檻水平；現時高中課程可以適切地符合不同學業水平的學生，及配合社會多元的需要嗎？

高中教育作為普及的基礎教育，學生的語文水平、文化知識、生活常識、邏輯思維，以至品格培育、想像力、創新力、協作、觀察等多元能力，以至服務實踐皆不可或缺。選修科作為學生升學或工作的預備，只是高中教育的其中一個部分。

既然大部分的考生並不能達至3322的評級水平，超過3成考生連5科2級的水平也未達，我們是否可以説：這個以文憑試為主導的高中課程，很大程度未能符合頗多學生的學習或發展需要？而這個課程又被突

顯為不能滿足科研人才培育的訴求，也就是高不成，低不就！

重新檢視高中及大學教育的意義與定位

大學收生，以公開試為主導，偏重甄選成績最前列的三分之一學生。高中課程不應完全傾斜為文憑試服務，應要較全面體現高中教育理念的原來設計，顧及學業表現各異的學生。

現時大學最具收生優勢的學科，如醫學、藥劑、牙醫、金融、精算、環球商業等，皆是數理科尖子的集中地，以至建築工程、電子工程、健康科學等，亦是中學數理科學生的專利出路。這批學生進入大學願意選擇科研，或者大學畢業後選擇科研之路，要看大學的科研條件與氛圍，科研的事業發展，以至科研的意義在香港能被更廣泛的肯定與認同。

至於高中的課程，微觀的改動配合，可以將較高等的數學課程，獨立為一個選修科，以至將科學列為學生的必修科，或者改易數學、通識為選修科，或為各個學科分別設定基礎課程與進級課程。但更宏觀的，隨着普及教育的延伸，是要重新檢視高中及大學教育的意義與定位，高中體系及課程如何落實多元化的發展，以及大學收生機制的進一步完善。

2017年1月10日

回歸20年，
檢視香港教育現況與出路

回歸20年，香港經濟跌跌撞撞，社會矛盾衝突，教育爭議起起伏伏。

回歸20年，香港成了粵港澳大灣區其中一區塊，成了一帶一路一個戰略點。這個區塊，這個戰略點，在國家經歷10年文革，動亂之後，改革開放之初的1980年，國民生產總值佔全國25%。內地30多年的變革，大國崛起，香港今時只佔全國生產總值2.5%。香港特區能有甚麼優勢，可以應對已出現的變局，以至全球競爭？

香港能夠自立更新的，唯一可能、唯一資源，就是人才素質。承接150年來的英殖統治，留存的中西文化結合體：香港的教育體系與教育理念，是特區的一項寶貴資源。但銅板的兩面，香港也因為歷史因素與政治現實，面對一國兩制如何走下去的困局。

回歸20年，盤點香港教育大事，好好規劃前路：

一、2000年起動教育改革，伴隨教改的有課程改革、考核改革、學制改革。其中課程改革提出四個關鍵項目，其中一項德育及公民教育，迷失了的國民教育，要往後才置放其中，形成德育、公民及國民教育；但如何實施，各校校本處理。所謂課改，大體是各個學科修修補補，最大規模的高中與預科，由4年併為3年，新設核心科目：通識教育科，鼓勵批判性思考，課程範疇涉及現代中國、今日香港。如此則批判政府，批判中共，成了日常學習及考核的傾向。

二、升學人口大跌大升。先是小學大面積縮班殺校，隨之是中學持續縮班，開放內地部分城市自由行以來，闖入大量父母非香港居民在港產子，出生人口大增，近年小學即使擴班擴收，部分學區仍出現學位不足。中學也將會迎來數年升中學生升浪，既挽回不少學校面臨殺校的威脅，卻也打亂整體教育發展的穩定性。深圳政府這個學年，開放港人子女可以申請入讀深圳的公辦學校；香港教育體系如何應對港深兩地互動與整合的必然態勢？

三、免費教育由9年擴展至12年，本年9月擴展至幼兒教育階段，實施15年免費教育。公共教育擴大覆蓋面積，政府增加教育資源與承擔同時，政府加大對基礎教育的直接影響，如何避免公營服務成本高，而成效受制約的困局。

教育局新的領導班子能否帶領香港，或帶領教育局應對社會與教育發展的挑戰，拭目以待。（灼見名家）

四、教改牽動的學制改革，3年高中，4年大學，文憑試畢業的，成績5科2級，算作符合資格升讀資歷架構第四層的副學位課程，香港社會走向高等教育普及是必然之路。私立大學及自資課程大增，副學位包括副學士、高級文憑，以至自資學位供應猛增，碰上中學畢業人數近年持續減少，專上教育普遍面臨收生危機，出現個別院校合併或結束，現況往後會延續數年，人數減幅會再擴大。

五、直資、國際學校大增。公營免費教育擴張同時，社會較富裕階層及外籍人士對學校教育有不同選擇，原先政府資助的傳統名校紛紛乘着直資學校政策，轉制為既收取政府資助，又可向家長收費的私立學校，以至回歸以來，國際學校大增，其中小部分國際學校違規超收本地學生，既衝擊本地公營學校收生困局，也加劇引發社會階層的分化。

六、教育局領導層更替。與各個政府政策局相同，設置問責制的局長、副局長，新一屆局長來自副局長升任，副局長由未

有足夠歷練的中學校長出任，配合政府換屆，新任常任秘書長來自運輸署。這個領導班子能否帶領香港，或帶領教育局應對社會與教育發展的挑戰，拭目以待。

七、教育成為社會爭議、政治衝突的風眼。大學生群體往往就是政治事件的動員或抗爭的力量。至於網絡的力量，在2012年借國民教育風波，招引大批中學生參與；往後2014年，學生及群眾佔領政府總部周邊，以至非政治議題的小三全港性系統評估，也成為抗中抗特區的教育團體，以教育議題動員及組織抗爭的慣技。至於大學校園，反權威、反建制的挑釁與衝突，已成為常態。

八、近年教育新措施，其實也有，例如職業教育變革、商校協作、生涯規劃教育，大體上朝同一個方向：教育的實用性，強調學以致用。其中STEM教育，在學校，尤其中學，在沒有太多政策指引，亦沒有大額津貼，卻導引了個別學校做出不少嘗試，在這方面，內地及國際之間，亦已起動或已發展，這小範疇的大變革，不能輕視。

回歸20年，教育現場前10年風風火火的倡議改革，後10年抗爭衝突多。教育改革沒有觸動應試慣性，小六要爭取好成績，升讀心儀中學；中學文憑試要爭取好成績，謀一席資助學位。學生升學靠學業成績，中小學聲譽也依賴學生升學表現。教育內涵整體變革不足，生員大落大起大波動，政治烽火難息，往後10年如何走？

2017年6月23日

要到台灣升學嗎？

上星期與中六級學生到台灣數天，走訪了台中及高雄五所大學，目的是讓學生親身體會台灣的大學校園狀況，用作中學畢業後的升學考慮。

港生赴台升學陸續增加

近年台灣每年錄取港生約3,000多人。相對2012年之前，港生赴台升學明顯有所增加，這與香港實行新高中三年、大學四年學制有關。2012年第一屆中學文憑試之後，社會上每年充斥數萬名準升學畢業生，台灣學制與香港看齊，地近之利，成了港生選擇外地留學的其中一個熱點。

台灣專上院校大量升格為大學，加上私立大學眾多，形成高峰期多達160所大學。當地人口是香港的三倍，大學數目卻是香港的十倍以上；近年少子化，每

赴台升學要有所預備，例如個人技能、外語等。（Pixabay）

年大學畢業生比出生人口還要多，可以想像台灣的大學學位是如何普及。

也因此，台灣的大學極殷切，極歡迎香港學生赴台升學。升學台灣有不同管道；有個別大學或數所大學聯合，於指定時期舉行的「單獨招生」；至於「個人報名」，佔收生人數比例最多；以上兩個管道於每年年初已可公布取錄名單，也就是中六畢業，符合其他條件，毋須香港文憑試成績。第三個管道是可以填選70個院校學系意願的「聯合分發」，會參考文憑試成績取錄。也有附屬於台灣師範大學的僑生先修部，取錄中學畢業生，作升讀大學的預備班。此外，還有2+2，1+3，即在台灣以外地區先讀一至

兩年，如高級文憑、副學士等，然後赴台升讀大學後續的學年。

管道多，又受制台灣教育當局的各種程序規限，整個報名流程及錄取，對於學生而言，比較複雜；也容易導致學位錯配或院校取錄後學生不報到的問題。

台灣升學的吸引力，在於收生成績考慮比較次要，院校學系眾多，其中獸醫、物理治療、文化藝術、餐飲、旅遊款待、新聞傳媒、會計、工程等，皆吸引港生；不少在港競爭激烈的「神科」，在台灣可以比較容易入讀，例如醫科、風險管理。學雜費、食宿費比起留港升學便宜，台灣的悠閒與「小確幸」文化，對年輕人也有吸引力。

這趟升學之旅，台灣的大學較多提的宣傳是「國際化」；大學標榜有以外語（主要是英語）教授的科系，外籍教學人員或學生的比例，尤其是跨國雙聯制，即在台灣修讀首兩年，可以升學外國或外地大學修讀後兩年，獲取兩所院校的學位。

學位承認，台灣以外的國家或地區，包括香港，一般對台灣的學歷皆予承認。至於醫護、工程、律師、社工等，回港就業，各有不同專業的證照考核要求。

赴台升學，或因為有心儀的院校、學系，以至院校所在位置、環境、氛圍的獨特吸引，更重要的，是塑建青少年一個獨特的身份。

公開試成績或未能留港升學，家庭經濟未能負擔英美等地高昂的留學費用。年輕人願意走出舒適區，跨出維港，能有重新認識自己，好好的自主生活幾年的可能嗎？讀書、交友、遊歷、服務、工作、思考、運動、修煉……能在青蔥歲月有其他更合適的機遇嗎？

考慮就業及政治情況

選擇台灣升學，也要考慮四年後的事情。台灣經濟近年處於瓶頸，投資不振、內需疲弱，大學畢業生數量大，薪資市場環境不利；四年後是留台，抑或回港、到內地、或往外國，要有所預備。這預備，就是個人技能、視野、修養，包括外語等，要有所磨練、成長。

二是台灣政治局面，小格局是內耗持續，去蔣化、去中化，紛紛揚揚；大環境是境外政治空間愈來愈小、愈來愈被孤立；但並不影響年輕人往外跑，以至大陸當局政策對年輕人的招手。

港生赴台，要清楚這種形勢。香港年輕人，願意走向陌生、鍛鍊自己，樂於接觸、生活於不同的環境，尋求生命的激活，不守成、不逃避；選擇升學台灣，或往內地、英美歐日韓等地留學，皆是立足中華，放眼全球，構築充實的成長歷程。

2017年11月24日

作者簡介

蔡世鴻，中華基督教會協和小學（長沙灣）校長。1990年投身教育界，2004年始擔任校長。由於早年於香港大學取得資訊科技教育碩士，多年來一直熱心推動資訊科技教育，2014年獲委任為香港大學教育學院管理諮詢小組委員。學校位處深水埗，故積極與學生投入社區的服務工作，期望教導學生回饋社會，服務他人。2016年獲選為深水埗中南分區地區委員會副主席。2016年起加入教育評議會，負責協助《教育現場》的編輯工作，現擔當教評會副主席。

原來我真的out了！

本人是修讀文科的，所以我的科學水平，可算是幼稚園級，但自恃大學時主修電腦（不過已是20年前），總覺得自己在科技應用上也不算太落後，但最近一場八號颱風，把我這丁點兒的自信也吹走了！

10月21日，八號颱風剛下，我連忙穿上正裝，趕往飲宴——我從前當班主任的兩名學生結婚了，所以我非要到場支持不可。和兩位新人寒暄了幾句後，我連忙坐下來休息休息。坐的一席全是我以往的學生，坐我身旁的男孩姓何，已30來歲，我們整晚也談過不停。

你聽過中國2025嗎？

蔡：「何同學，很久沒見了，你現在做哪一行業？」

何：「校長，我大學時去了美國讀電機工程，現在於上海一間公司負責設計機械人。」

蔡：「在中國設計機械人？有沒有生意的？」

何：「校長，你不知道嗎？現在中國內地的工商業都廣泛使用機械人，生意很好呢！」

跟着，他從手機裏展示一張用機械人製造車的相片來，說：「這是我公司的一部產品，負責汽車製造的！」

作者擔任教師多年，沒想到當年的學生現在所知的比他還緊貼社會潮流。（Pixabay）

蔡：「那只是一個機械臂吧！」

何：「不是，它們可處理一些很複雜的工序，不像以往那些只是重覆裝嵌的機器。校長，你有聽過中國2025嗎？」

我尷尬地說沒有，他從手機打開了一個網頁給我看，寫着「中國2025」。

何：「那是中國總理李克強去年提出的，其中一項，是要中國在這十年間重點發展高檔數控機床和機械人，所以不是什麼新鮮事！」

蔡：「啊！我還以為機械人是遙不可及的事！為什麼進展得那麼快？」

何：「不快了，現在國內很多工廠都需要大量工人，但他們一到春假回鄉，便不願回工廠上班，所以工廠為了生存，現在都引入機械人生產，就好像深圳的富士康，他們在2014年已公布大量使用機械人生產，取代6萬名工人。」

蔡：「富士康是生產什麼的？」

何：「他們是iPhone的最大生產廠，現在的機械人可處理很多精細的生產程序！」

蔡：「我見中學的課程有教授機械人，正是如火如荼，還以為小學生可到中學才學製作機械人。」

何：「不，你們這一代小學生長大了，2025年正正是他們要出來工作的時期，如果你們不教，他們便會脫軌了！」

蔡：「但小學生會設計機械人嗎？好像很複雜的！」

何：「校長，第一、他們不是要學設計，小學生可以學操作，很簡單的，如控制一

隻機械臂工作，只要六個按鍵便可以，他們要學的是使用那些軟件來指令機械人。第二、如果愈小年紀學，學生能發揮的空間便更大。將來的工廠管工不是管人的了，是管機械人。」

蔡：「對，我回去要在六年級引入機械人課程。始終 STEM 中，「S」和「T」都是最重要的。我會否走得太前呢？」

何：「校長，你 out 了才是！現在美國的麥當勞已使用機械人來煎蛋，泰國也有機械人餐廳，打 golf 有機械人車，那是用藍芽控制的，把 golf 球棍放在車上，它便會跟你通山走，不用請球僮，3萬元一部，還有……」

他愈説愈多例子，我開始跟不上了。

蔡：「真慚愧！我們教學也應配合時代需要，沒想到要你來教我。」

何：「不要這樣説，教育才是你們專業，我只是身在當中，看到端倪罷了。」

蔡：「那麼要教3D打印、航拍和無人機嗎?」

何：「我覺得由學校自己決定吧。但這些都是一些硬件，在日常生活及工商業中未算太普及，當然我指的是對比機械人，所以學校也不需太着重教授硬件使用。」

蔡：「你説的真有道理，有空請你來向我的老師分享。」

那晚我們言談甚歡，但其實我內心卻是耿耿於懷——原來我真的是 out 了！

2016年11月7日

參加兒子的畢業禮 發現自己變了怪獸家長

早前參加兒子的大學畢業禮，覺得自己已老了——時間正不斷流走，時代也不斷轉變，我們嗎？也要變了！

怪獸家長

某一天，兒子通知要參加他的畢業禮，一家人興致勃勃，我以前大學及碩士畢業，覺得租借畢業袍太麻煩，都沒參加，但子女的畢業禮，幼稚園、小學及中學，我從不缺場，那是做父母的獨有心態，希望分享子女的喜悅和成長。正高興時，兒子説只有兩名家人可參加，沒辦法，只好放棄妹妹，由兩老出席典禮。

那天我們早了一小時到達會場，兒子跑了去綵排，我們看見大學門口有畢業鮮花檔擺賣，350元一束，有點貴，但我還是買了。為什麼？怪獸家長心態，想兒子畢業

時高興一些。上到大學平台，一看，人頭湧湧，原來還要排隊拿入場券，不要以為每家庭只有二人出席，便一定可以進入會場。我們排了十多分鐘，大會說沒會場的門票了，要到廣場的屏幕看直播！唉，我為什麼要放下工作過來，為的是看兒子畢業，現在竟要看電視直播。

我們坐了一個多小時，只見兒子匆匆上台，拿了證書便下台，過程不足十秒，我舉起相機，想拍下屏幕上的景像，但霎眼便過，錯失了良機⋯⋯

我們有點洩氣，唯有到大學會場外等候，等兒子出來補拍一些家庭相片。只見會場外已站着二、三百名家長，大家都拿着鮮花，站着、等着、汗流浹背，雖然感覺是被摒諸門外，雖然天氣是悶熱的，令人厭倦的，但一看見畢業生從大學會堂走出來，家長們便會面帶笑容地擁向前去，有的替他們撥弄頭髮，有的把手上的鮮花遞上，有的忙着替子女拍照，我嗎？當然是眾多的一個，做的事也不例外。外人看來，我們無疑是一群怪獸家長，但原因很簡單，因為子女大學畢業了。

我們從事教育的，偶爾會說家長「太怪獸」，令子女過於依賴，但有時我們也要站在家長的角度去想，每個父母都有怪獸家長的一刻，只要他們能適時放手，讓子女感受失敗，間中怪獸一次又何妨呢？

每個父母都有怪獸家長的一刻。（Shutterstock）

做個年輕人

曾經有朋友問我，為什麼有些大學生沒動機工作？我們試從大學生的角度想想，他們歷盡艱苦才進入了大學，捱了四年，到畢業時往往欠下政府10多20萬元學費。出來工作嗎？月薪只有萬多元，要省下錢來享受？還要忙着交學費貸款；要上車買樓？窮一生精力也趕不上樓價，辛苦讀來，所為何事？所以有的放棄工作；有的騎牛搵馬；有的做了一年半載，便辭工旅遊，先享受一點點成果；更有的在大學時已不堪壓力，產生輕生的念頭。

改變思想

我們從事教育的，也要多從年輕人的身上想，多作鼓勵，開解及給予他們機會，時間在飛快流逝，時代在不停轉

變，我們的思想也要改變，以往拿着木間尺，高高在上的教師形象已不合時宜。做家長的也要改變，有時擔當父母的角色，教導子女是與不是；有時是社工，引導他們面對困難，走出自己的將來；有時是朋友，聆聽他們的苦與樂……

你們覺得我是怪獸家長？非也，此乃肺腑之言，願共勉之。

2016年12月13日

請還我一個平靜的教育環境

筆者從事教育差不多30年，當校長也13年了，一向覺得教育界是平靜、關愛和不涉政治的，但自今年7月始，小學可謂混亂、矛盾、叫人氣結……

7月19日的那天

不少校長都趕回家看電視，我也不例外。為甚麼？急着看立法會能否通過36億元撥款，手提電話不停地傳來「還未通過，還未可以……」的訊息，為甚麼教育的撥款也會被阻撓？明顯是對教師、學校和學生都有利的措施，為甚麼會擔心不被通過？校長為甚麼要坐在電視機前，緊張地看電視直播？一切一切都是因為政治，政客把玩權力，在最後一刻才讓撥款通過，誰說教育不涉及政治！

7、8月的音樂椅遊戲

由於撥款讓學校可多聘老師，一時間各校都開始搶人，每次面試時，我都會問應徵者：「你見了多少間學校？簽了臨時合約後會否再轉工？」更有校長打電話給我，說已安排那應徵者見校監，叫我不要請她。經過一輪音樂椅遊戲，有老師爭着坐常規教席，有學校搶着填滿繁複的教擔，直至7月底，大部分學校才可編好時間表，那是以往絕無僅有的事情。有沒有更不幸的？有！9月初仍有學校登報請人。我也不算好運，8月12日，我身在貴州，副校致電給我，說本已聘請的合約教師不來了，被另一所學校以較高的人工搶走了。那老師要求我們多付3,000元月薪，她才決定留下來。我沒有聽錯，這是教育界應有的心態嗎？已簽臨時合約的老師，竟可理直氣壯地自抬身價！我一口拒絕，還說了一句：「不用討論了，永不錄用」。

負面新聞

踏入8月底，學界傳來一連串負面的新聞：興德學校事件，人人都說校長權大，儼如土皇帝；9月初，首先是深圳學校招收雙非學童，大批學童湧回內地上學，北區有些學校被弄得措手不及，沒了學生，多了教師；然後再來教大民主牆的事件，大家都擔心準教師的素質，教育界變得撕裂……

教育是良心和付出的工作，讓他們實踐理想，作育英才。（Pixabay）

如何是好？

我們雖然只是教育界的一小員，無能力影響外界的環境，但只要我們各盡本份，相信定能還我們一個平靜的教育界，建議如下：

教育局：請多與學校溝通，其實深圳的學校政策早在半年前已決定，如香港教育局能早點部署，北區的小學便不致如此狼狽。請注意，2018年度是小一入學的低潮，不要再讓我們小學面對縮班殺校的困境。

政客：請緊記「學校歸學校，政治歸政治」這一句話，學校是一個孕育學生知識和品德的地方。請不要拿學校、撥款、老師及學生作政治籌碼，學校雖然是社會的縮影，但我們要的是一個平安和簡單的環境，好讓學生健康成長。

校長：猶記得我以前在大學讀教育管理時，曾讀過「buffer」理論。Buffer是火車卡之間的一個連接小組件，用來減少火車卡之間的震動，校長的其中一個責任，便是承受外間的震動，讓學校保持安定，讓老師專心教學，讓學生用心學習。

教大學生：請不要糾纏在言論自由或年輕人的權利上，收拾心情，裝備自己，如你想當老師，校長和家長都會對你有一定的要求，這些專業及個人道德上的要求，作為教師，你是需要接受的。

教育是良心和付出的工作，我肯定99%的教師都享受教學，他們最想要的，只是一個平靜的環境，讓他們實踐理想，作育英才。

2017年9月15日

作者簡介

鄧秉恩，教育評議會前主席，教育評議會教育基金有限公司主席，和富慈善基金李宗德小學校長。香港教育行政學會院士，2016年行政長官社區服務獎狀及2010年第八屆台灣師鐸獎得獎者，第十一屆教育人員專業操守議會主席。曾於葛師、中大、港大及英國諾定咸大學進修。研究範圍包括學校改進、校長學及教師領導等。曾任聖公會聖米迦勒及聖公會基心小學校長，也是前公理高中書院校長及前聖匠中學校長。1995-2006年擔任香港教育學院講師及高級課程發展主任，除教授通識和生活技能等課程外，並擔任課程統籌工作。80年代開始在各大報章撰文評論不同教育議題，如教育政策、行政管理、學校領導、課程改革、教師發展及資優培育等。

對香港回歸中國20年教育問題的反思

每年的7月1日，不同政治取態的香港人肯定對這個日子都有不同的感受！有人會為慶祝香港回歸中國20年的盛典，組織不同形式的活動去歌頌或表揚祖國近年的發展成就；有人借機對香港回歸後政府的管治方向或就一國兩制施政方針表達不滿及訴求。無論怎樣，對教育界而言，香港回歸中國20年後的教育現況，確是有得也有失，值得檢討、反思。

推行教改措施 有得有失

由9年免費教育擴展至12年，甚至再推行至包括免費幼稚園教育共15年的措施是「得」，推行新學制與國際學制接軌、增加大學學位、減少公開考試數量（包括廢除小學升中考試、取消中三評核試及合併會考與高考為中學文憑試等）、為中學文憑試取得國際認可資格等是「得」。另簡政放權、增加學校資源與製造學校自主空間及賦權學校推行校本管理等也是「得」，是德政！不過強推教改、大幅度改動課程結構、以非專業（外行）領導專業（內行）、傾斜資源給一個機構獨大但同時剝削其他院校機會去推行職業教育、以不符合教育公平原則看待官、津、私及直資學校和忽視收錄大比例學習能力差異的學校而不額外提供支援、融合教育政策推行不到位

及缺乏資源配套、教育施政手法官僚及習慣傾聽或獨斷獨行地制定政策（例如2012年強推國民教育科、2009年的中學課改以中英數通識成四核心科目致令傳統科目式微包括文理專才欠奉）等便是「失」，弊多於利！

最近，參與了一個教育界與中聯辦主任召開的教育研討分享會，出席者全是各大辦學團體或教育團體的負責人或領導人，代表了大、中、小、幼四個不同界別，各人在會上分享了他們個人或所屬單位對香港回歸中國20年在教育的所見所聞或檢討意見。筆者再按個人經驗和在教育現場觀察，總結為8項問題和10個啟示建議。

八個值得教育工作者關注的問題

一、國教風波所衍生的問題

二、校園日趨政治化與個別傳媒偏頗報道對教育的干預

三、教育局由非教育專業人士掌舵的後遺症

四、中港深層次矛盾問題影響學校教育的推行

五、融合教育的實施成效受到質疑

六、考試決定命運的迷思

七、公帑應用與教育公平的問題

八、大學學位泛濫導致大學生出現「小學雞」現象

國教事件引以為鑑

有許多教育團體的代表都表示過去20年最令教育界矚目的大事，要數國民教育政策推行的失效。該事件反映了政府並不熟悉教育現場運作的遊戲規則，也沒有洞悉判斷錯誤可能導致政治危機的問題。一方面相信其問責局長的人力資源顧問背景，以為憑其專業知識、經驗和人脈背景便能化危為機，這是錯誤的第一著；另一方面政府，特別是執行政策的教育局又不作全面及到位的政策諮詢，委託相熟的教育組織設計教材，便以為萬無一失，這是另一個很關鍵的失誤，因為有關教材在其後的爭議當中更成為被攻擊的主要依據。其三，負責的官員亦習慣傾聽或選擇地聆聽合用的意見，例如當時政府只聽從某等建制派和某些凡事say yes的支持政府組織代表意見，便以為以獨立成科模式推行國民教育，坊間一定會接受的假設，乃是政府施政的另一重大錯誤。

官僚作風不合事宜

加上，政府一向以皇者姿態管治特區及習慣以官僚作風辦事，因此當有反對者聲音，包括一些教育團體、學科組織、校長團體和大部分前線教師等，提出修訂建議或建議某些改良推行方案等，政府也置若罔聞，仍然一意孤行地強推國民教育科，並要求學校採用素質欠佳及內容偏頗的指定教材，來年度全面執行。消息傳出，結

果除引起教育界強烈不滿外，更導致學生激進組織的誕生，有人更質疑政府推行國民教育的動機，乃「洗腦」教育行為。更有甚者，有許多青少年人在政黨、教團、傳媒和某激進家長組織的加入與推波助瀾下，用不同形式反對「國教」，包括圍堵高調支持推行「國教」的學校，發起校友、家長等對支持者作網上攻擊，其後更派出代表佔領政府總部公民廣場及絕食抗議，利用傳媒廣泛報道，某教師組織亦發起罷課罷教、學生罷學行動……風波一發不可收拾！

教育政治化 校園生態受損

也因為這次風波，造成學校如驚弓之鳥，不敢貿然在校推行國民教育，甚至連唱國歌、升國旗、與內地學校結盟或組織內地交流團等，也像偷偷摸摸地進行，人人感到不安；有些學校更不願或暫停執行國民教育，恐怕被扣帽子，擔心被個別學生、家長、校友甚至一些社會人士聲討，引來傳媒或政黨人士圍堵攻擊。導致寧靜的校園環境受到政治陰霾掩蓋，嚴重影響學校正常運作及教育生態，並非學子之福！

整件事件由政策諮詢到執行，都存在問題，可惜施政者並沒有從事件中汲取教訓。反之，政府在其後的其他敏感性政策出台，都處理得不夠技巧，警覺性也不高。更因為這種反對勢力在校不斷擴張，

成為一種反政府行為；到佔中發起人因831事件號召全民上街及某教育團體公開呼籲學生以罷課形式去響應佔領行動時，更造成校內氣氛緊張，令到校方可能與個別教師意見相左，教師與教師和學生與學生之間更分成支持和反對派，甚至家長、校友與學校也產生衝突。最後，原有已建立的關愛和諧校園亦因政治介入而被破壞得體無完膚了！

學生無辜被標籤

此外，回歸20年亦因政府推行融合教育的不力、措施不到位與在應用橫向「教育公平」的原則辦事時，導致收錄較多特殊學習需要學生或薄弱學習能力學生較集中的學校，從政府所取得的資源是不足以解決所有學校內存在的學習差異問題，加上大部分學校中人和家長皆牢固信奉「考試決定命運的迷思」，結果造成更多的失敗生、輟學生、「跳船」個案甚或最後成為「失青」、「隱青」或「廢青」，無助改善整體社會公民質素及提升全民教育水平。

大學學位平庸化

另外，近年大量增加資助及自資大學學位數量亦引致大學生平庸化，語文水平下降之外，競爭力成疑。部分大學生的素質甚至差勁至被社會人士批評為「港孩」或「小學雞」，無目標、好依賴，並事事需人提醒，像受保護動物，長期享受

安樂窩心態，沒有獨立解難能力，心靈容易受創傷等。站在慶祝回歸20年的一刻，我們不宜只談教育有甚麼豐功偉蹟，便享受成就所帶來的滿足，我們要反思的是，我們應怎樣認真檢視過去的教育事務，查找不足之餘，更要思慮如何改善的方案。基於本文篇幅有限，現階段不擬細談，但以下卻有10點問題可供參考：

十個啟示與教育相關問題的再思

要改善教育現況，我們必須認真探究回歸20年後的教育問題，並深切反思未來教育路向應該何去何從和如何制訂回應方案等。問題包括：

一、 教育為的是甚麼？要建造香港的教育夢想，最終應由誰人負責？隨後應如何釐定相關政策？

二、 如何利用香港中西文化匯聚特色的優勢，將有關特點納入教育政策裏？

三、 如何針對今天的不足，增強今後政府，特別是教育局與教育前線的有效溝通？有關機制如何制定？如何發揮？

四、 如何利用今天的緊密中港關係，加強兩地教育合作達至多贏局面，有利兩地各層面的交流學習？

五、 如何增強現有的校長領導與教師專業培訓，以配合教育政策的有效推行和怎樣發揮整體合作的果效？

六、 如何更有效發揮辦學團體、教育團體、

教育團體的代表都表示過去20年最令教育界矚目的大事，要數國民教育政策推行的失效。（亞新社）

校長會、教師組織與家長團體的積極角色，最終能更好教育我們的下一代？

七、 重新檢視國民教育政策，如何看待我們下 代對國民身份認同問題和怎樣利用中國歷史科的教學去配合國民教育的推行？

八、 如何善用今天國家重點推動一帶一路的機遇去培育我們的下一代，讓他們可參與其中及分享成果，並為他們創造多元發展機會？

九、 怎樣培養更多具遠象及有教育心志的年輕老師去擔當教育領導，以執行更多有益香港及國家發展的教育政策？

十、 怎樣善用現有中聯辦在港角色和與中央政府這個溝通橋樑，使香港教育界可與國內教育企業與相關人員，建立長久合作關係去增加香港學界在世界的競爭力和未來優勢？

誠希上述問題能在教育界中帶出有建設性的討論，讓香港的未來教育可繼續昂首邁進下一個10年、20年！

2017年6月30日

校長素養與角色期望面面觀

在學校效能和學校改進研究當中，校長的有效領導是主宰學校成敗的主要因素之一（Torrance, 2013），當然，近期的研究更將焦點由校長的領導，變成如何在校內建構分層的教師領導或在校賦權予教師領導（Day, et al., 2009; Harris and Spillane, 2008）。不過，無論怎樣演變，校長領導關MacBeath（1998）在丹麥、英格蘭和蘇格蘭所作的Effective Leadership Study研究發現，讀者們可有甚麼反思和啟示？下表乃描述從中小學生回應有關What is a good headteacher？問題的答案中，排在前十位置的校長素養特質，它們包括：

	Denmark	England	Scotland
1	Listens	Fair	Listens
2	Talks with pupils	Good relationships with puplis/teachers	Is understanding
3	Kind	Accessible/approachable	Treats children fairly
4	Nice to pupils	Caring	Strict/good discipline
5	Treats pupils equally	Understands pupils	Someone to talk to/ talk to us
6	Keep school nice, clean/orderly	Takes account of pupils' opinions	Good relationships with pupils
7	Takes care of pupils	Good listener	Sense of humour/ good fun
8	Manages the school	Responsible	Looks after/capable of running school
9	Respectable	Treats pupils equally	Is nice/kind
10	Understands pupils	Maintains discipline	Not too strict

效能是保證學校效能的關鍵因素，乃是不容置疑的。因為若學校出現嚴重管理不善、違紀違規，學教效能低劣，導致政府需加以干預，結果還是要用到行政手段，即時撤換校長去解決問題。究竟人是怎樣看現今校長的素養與角色期望的呢？

校長應該是怎樣的一個人？

在未正式進入正題討論時，請看下列有閱罷上述數據統計，讀者有甚麼即時感覺？孩子眼中的校長應該會是一個怎樣的人物？香港的孩子和外國的孩子對校長的期望是否一樣？校長必須是和藹可親的嗎？明白學生並樂意親近學生？能善待及積極地聆聽孩子的聲音？還要處事公平、富幽默感、諒解學生、能保持學校有秩序地運作、盡責管理校園嗎？

學生怎樣看現今校長的素養與角色期望？（灼見名家）

作為校長，我們可有甚麼假設？我們的學童是否也是如此看待我們？他們對校長的素養也有相若的期望嗎？特別在學年之始，我們是否也要把這個相關統計表放在校長室當眼之處，供自己閱覽、引鑑，作為座右銘？

校長的自我評估

有一個有關Talking Heads的研究來自Kate Myers（1995-1998），她訪問了27位來自世界不同國家的中小幼特校長，研究發現最有趣的地方是：有人描述自己上崗為校長的第一個反應是想改變與人關係，有人認為自己可為人解困，甚至可改變「宇宙」！有校長説要給人新形象，保持距離最重要；有校長認為只要做回自己，保持原有領導風格和人際關係便是。大部分校長的自我評估是覺得自己的耐性不夠，如能時光倒流，他們會考慮調校自己的領導行為和改革步伐，認為工作不能急進。

若問甚麼是他們任內最重要的工作？歸納意見，他們認為：有效管理及調動同工的積極性，提供環境讓同工成長和發揮所長，並且要建立共同遠象和訂定方向。若只用一句話形容，那便是：Getting the best out of people。但他們認為要用人為才和發揮他們所長，校長必須透過「建立學校文化、着重機會提供、創造資源、營建改革條件、針對校情建構支援學與教環境」等，才能完夢！

至於被訪校長認為在執行工作中，最感困難的例子為何？他們列舉例子如下：

——要執行批評或責備同工任務；

——處理裁員政策；

——決定選才和保留誰人教席；

——處理教師能力不逮；

——資訊誤傳；

——執行國家指定的教育政策；

——決定改革步伐；

——欠缺時間。

香港的校長可會遇到相同的經驗？大家也認同嗎？

談到他們升職原由，據他們真實分享，大致可分為四大類：

1. 「隨遇而安」者（無野心的人在無心插柳的情況下做了校長）；

2. 「策略型的理想主義者」者（為改善職場效能而努力不懈）；

3. 「矢志不移」者（目標明確，升任校長是志願）；和

4. 「公民責任」者（認定擔任校長是為社會貢獻，乃理所當然）。

可惜今天的校長人才凋零，特別是能具備上述學生所認為今天校長必須擁有的領導素養特質者，更是難求！

基於許多於戰後嬰兒期世代（註一）出生的人士，在21世紀初均陸續達到退休年齡，所以無論是香港或其他國家都出現相類似情況，在過去十年已大量湧現退休潮。各大機構、組織皆有嚴重人力資源斷層情況，特別是這批年齡的人士，由於資歷和經驗都比較深厚，大多擔任該等機構或組織的高層主管位置；若以教育界為例，他們多屬於學校的中、高層領導，甚至是校長。Andy Hargreaves（2005）更形容校長退休潮已對英美等國家構成嚴重校長人才危機（crisis of leadership），

而ACSA（2001）更稱該段時期為招聘與續任危機（crisis of recruitment and retention）的黑暗時期。

香港和世界一樣，近年亦正在鬧校長荒（註二），退休的退休，未屆退休年齡的卻因害怕教改頻仍、學制改變、校園政治入侵、學校需每年向政府問責、成績比拼、家長參與校政與及適齡學生人數下降導致生員不足等壓力，而想提早離開職場；連許多具備優厚潛質和條件擔任校長作接班人的副校長，亦因害怕責任加重、誘因不大，加上公私難兼顧及恐防工作壓力過大，而不肯修讀校長培訓課程，更何況擔任校長？結果導致校長繼任人選嚴重缺乏。

也基於這個現象，校長領導效能、校長更替、招聘和校長培植計劃，甚或校長上崗培訓課程等，便成為香港教育局和辦學團體極度關注的問題。當然，個別校長的個人素養、專業知識、品德操守、領導風格，甚至與人關係和管治手法等都會構成學校與學校之間的整體素質差異問題，直接影響某間學校學子的福祉。作為業界中人，我們能不重視香港如何培訓和保證校長的專業素養是能達到持份者對他們應有角色和期望嗎？結束本文之餘，筆者欲以Michael Fullan（2001）對校長領導行為的期望作結，謹供各位有心人參考。

一個21世紀的校長，他/她必須擁有以下

的領導素養特質：

1. 道德責任和使命感；

2. 熟悉變革理念和懂得靈活變通；

3. 熱衷與人建立緊密和諧夥伴協作關係；

4. 不斷創造知識和更新，並鼓勵分享；

5. 凝聚力量及維繫專業作永續改善。

註一：參閱醫護百科辭典http://hospital.kingnet.com.tw/library/diagnose.html?lid=6624，戰後嬰兒潮世代（baby boomers）指的是1946年到1964年出生，因出生時間接近，因而擁有許多共通經驗的一群人。這群人將在2010年之後逐漸步入65歲，成為有史以來最龐大的老化人口，形成所謂「老人潮」（senior boom）。

註二：例如加拿大在2005年共有60%校長及30%副校長退休；而美國於同年約有70%高級公務員退休。

參考書目：

Association of California School Administration (ACSA) (2001). *Recruitment and Retention of School Leaders: A Critical State Need*. Sacramento, CA: ACSA Task Force on Administrator Shortage.

Day, C., Sammons, P., Hopkins, D., Harris, A., Leithwood, K., Gu, Q, Brown, E., Ahtaridou, E., & Kington, A. (2009). *The Impact of school leadership on pupil outcomes* (*Final Report*), Department for Children, School and Families/National College of School Leadership.

Fullan, M. (2001). *Leading in a Culture of change*. San Francisco, CA: Jossey-Bass.

Hargreaves, A. (2005). "Sustainable leadership". In B. Davis (ed.) *The essentials of school leadership*, pp. 173-189.

Harris, A. & Spillane, J. (2000), "Distributed leadership through the looking glass". In *British Educational Leadership,* Management & Administration Society (BELMAS), 22(1), pp. 31-34.

MacBeath, J. (1998). (ed.) *Effective school leadership: Responding to change*. London: Paul Chapman.

Myers, K. (1995-1998). "Talking Heads", series of articles in the *Times Educational Supplement*, London.

Torrance, D. (2013). "Distributed leadership: challenging five generally held assumptions." In *School Leadership & Management*, 3(4): pp. 354-372.

2017年9月6日

校長領導角色的迷思

在未入職當老師前，筆者一向認為當校長很難，聽說要有許多、許多的條件才能勝任，例如出身要好、學歷要高、能力比人強、經驗比人豐富和最好要有良好人際網絡關係及具特別成就等。不過有人說：「那還不是靠着一命、二運、三風水的本事吧！」甚至有人會這樣問：「你認識辦學團體的人嗎？你有甚麼特異功能？您的後台是誰？」

角色迷思的問題清單

自問沒有後台，所以當筆者初出茅廬時，從來沒想過要當校長。但慶幸獲幸運之神眷顧，直到今天，筆者已曾擔任過五間不同學校的校長：兩間中學，三間小學；當中有津貼、有直資學校。筆者分享自己的獨特經歷，並不是想炫耀自己甚麼輝煌歷史；相反，筆者是想借機會與讀者分享，冀鼓勵有志於從事教育工作的同工，希望他們將來能成為一位具遠見、有宏觀視野、肯努力創新和具高道德品格的校長領導。以下是一個有關校長領導角色迷思的問題清單，請讀者比對一下，校長的領導角色行為和各位在現實體現的認知有何不同？

一般的迷思包括：

人人可當校長？

男教師擔任校長的機會較大？

有人認為演員會因為「演而優則導」，教師也是一樣嗎？

有人認為人際關係良好的人，比較適合擔任校長？

有人認為擁有很多不同學歷或才華的人，比較容易被挑選為校長？

有人認為有老師獲晉升為校長後，學校將會少了一個傑出的教師，卻多了一個「壞」校長？

升任校長，不需要有特別的資格？

只有和辦學團體關係良好的人才會有機會擔任校長？

在校本條例下，校監之外，校長是學校的最高負責人，擁有很大權力？

校長通常都是執行學校政策最終決策權的人？

有人認為老師是課室裏的「小皇帝」，而校長就是學校的「土皇帝」？

因校監不常在校，校長工作少受監管，所以校長可以想怎樣便怎樣？

擔任了校長，同事就會尊重你、愛戴

中、小、幼及特殊學校校長的資歷已無大差異。（Pixabay）

你、佩服你、服從你？

做了校長，朋友也多？交際應酬也特別多？

校長很忙碌，公職又多，所以有理由經常不在學校？

校長因為想清楚每一位同工的工作表現，所以會收集許多小報告？

校長位高權重，說話都會有很大的影響力？

中學校長的社會地位相對比小學校長或幼稚園校長為高？

今天校長工作不易做，工作量多及壓力大，有校長因此而提早退休？

沒錯，人人可當校長，但是否男教師便一定會比女教師出任校長的機會較大，

則未必有一定規律；至於「演而優則導」和「教得好便當校長」兩者是沒有必然關係；相對人際關係比較好、擁有較好學歷和具多元才華的人擔任校長，當然對該位申請者當被正式委任為校長去執行職務時會較為便利，但也不一定能構成他/她被揀選的關鍵原因。

再者，一個傑出的教師擔任了校長便一定不能勝任校長工作的假設，確是一個迷思，是沒有根據的；實際上也有許多案例是：教學優異的教師擔任了校長後，學校在推動教研及教育改革項目方面，取得卓越成就的大不乏人。至於升任校長需有甚麼資格方面，並沒有一定準則；因為每校校情不同，但最終必然是能者居之。過去

教育界亦確實曾有用人為親或以特殊關係取得校長職位的案例，但始終不是普遍現象。當然，若有關人士領導不得其法或行事不按正規程序辦理，甚至只着重貪圖享樂、爭取外間榮譽、玩弄權術、愛聽閒言和獨斷獨行儼如「土皇帝」的話，他/她最終也會因內部矛盾、權力鬥爭、衝突升級而導致被投訴，惡行被揭發，需要由政府介入干預甚或革除者，亦非新鮮或偶然。

要同工尊重、愛戴和支持自己的領導行為，絕不能以個人魅力、職權、身份、聲望、地位、學歷甚或人際關係、公關技巧等去取悅於人；一個謙卑、恭和有禮兼教學經驗卓越的校長，越能展現良好品德素養、虛懷若谷、用人為材，他/她便越能取得同工尊重和信任。

MacBeath（1998：21）在他的Effective Leadership Study的研究裏，就良好校長的共同要點方面，共總結出5個要項：

一、校長的首要和最重要的任務便是要委身（commitment），他/她必須要經常在校，處理每天在校發生的大小事務；

二、校長一定要有清晰的學校願景（vision），而該願景必須符合校情，能道出未來學校發展方向，也反映了學校今天；

三、與未來發展的需要，最終可變成校長和同工間的共享語言；

四、校長必須擁有良好溝通技巧（good communication skills）及樂意與人親近（approachable）；

五、校長必須能鼓勵（encourage）及激發（motivate）同工的積極性；和校長處人處事必須公平（equally）公正（fairly），能建立一個公平與融洽有序（sense of order and discipline）的校園文化。

校長的學歷和經驗

至於校長資格認定方面，在2000年之前升任校長的同工，一般是在入職後才透過政府的在職培訓課程進修成為校長；不過自教改推行後，所有校長均須在上任之前完成所有有關校長認證課程，才能出任校長。關於中學、小學和幼稚園校長在社會認受性方面，特別是在工作崗位上、學校資源分配上和教學對象上，都實際地存有差異，例如中學在校舍、學生經費投資及師生人手比例等，從政府取得的資源會較多。不過時移勢易，在校長的資歷培訓制度改變後，個別校長亦因進修而提升了個人學歷，大致上中、小、幼，甚至特殊學校校長的資歷已無大差異，具博士資格的校長甚眾，亦不只限於中學。

姑勿論怎樣，筆者是由一個普通老師、班主任、學科組長開始，逐步晉升至主任，並擔當過不同崗位，例如學生活動、訓導、總務到副校長，然後才經過公開招聘、申請、遴選、筆試、面試到最後篩選成功，才當上第一次的校長。過程十分冗長，但這等經驗的累積卻為筆者日後擔任校長工作帶來不少便利，原因是校長的先前經驗有助掌握各項校情，在領導、決策、計劃、調控、素質保證以至學校發展與改革創新等，都有較大的把握。

雖然上面已列出了從研究結果得出的良好校長的5個共同要點，但一個校長在領導技巧方面，有那些要點會幫助到他/好爭取到社會特別是他/她所屬學校同工的認同？作為本文的總結，我認為Sergiovanni（1992）所提出的5個常見的領導權力（authorities）當中，包括來自科層結構（bureaucratic）的職位權、從心理需要（psychological）出發的人際關係權、源自實證、科研（technical-rational）的參照權、來自專業（professional）附帶的專家權和從社會認同價值的道德（moral）權力等，是有很大的參考價值的！

一個經驗豐富的校長，絕不會輕易行使他/她的職位賦予的權力，或只隨便使用一種或多種權術。正確來説，不同情境、不同對象與不同學校發展的時期，一位卓越校長所使用的權力都可以不同。例如在士氣不彰的學校，用獎賞、鼓舞人心的相關人際關係權最為恰當；在混沌狀況的學校，最佳的辦法是運用從科層結構組織賦予的職位權去整治一些不服從命令的員工，當然亦可用適度的獎賞某些肯付出努力和忠心於教導學生的同工，是可短期地收買人心的。

然而，就以月前香港某間要收拾管理不善殘局的學校作為例子，作為校長，筆者認為必須靈活地運用所有可用的權術，審時度勢地權變應用。除可應用的人際關係權去增加同工的信任外，行使因職位賦予的權術也屬應該，因為部分做得不稱職的必須依法整治，甚至不惜以懲處、執行紀律或解約的方式進行內部變革；而且以專家權治校更可令同工認同及了解改革的方向與原因，從善如流；當然應用人際關係權術去提升整體教師士氣，也是當前急務；為進一步帶動學與教能力提升去改善校譽的話，那便非使用參照權術去帶動改革不可。

參考書目：

MacBeath, J.(1998).(ed.)*Effective school leadership : Responding to change.* London：Paul Chapman.

2017年9月27日

作者簡介

馮文正，風采中學校監。香港中文大學教育學士，1970年起入職為小學老師，任小學校長26年後退休。教育評議會1994年成立後，多年來出任副主席、執委。曾任教育委員會、教育統籌委員會、優質教育基金督導委員會委員，津貼小學議會主席。現任多所小學校董校監、津貼小學議會顧問、香港初等教育研究學會及小學教育領導學會執委。也曾擔任《信報》、《星島日報》專欄作者及教師中心刊物編委，寫作範疇包括教育政策、學校領導、小學與幼兒教育。

特區管治的困境與出路

記得在香港回歸15周年時，我出席了一個「特區管治的困境與出路」研討會，會上學者各抒己見，尋找特區在管治上的深層次矛盾及解救良方，今天，我記憶猶新的有下列各點：

一、政改步伐未能向前踏步

有學者分析，政府的權力來自人民，人民有權選特首是很重要的。《基本法》設計了一個框架，可以循序漸進地，透過提名委員會提名特首候選人，由選民一人一票選特首。而選委會選特首只是過渡期的中途站，尤其是選委會的選舉辦法未為大眾接納的話，盡早透過提名委員會提名特首候選人，由全港選民選出特首，會增強獲選特首的認受性，強化施政效能。

可惜匆匆五年過去了，政改方案未能通過，蹉跎了五年歲月，這個深層次矛盾暫時解決無望。

二、政務官治港流弊叢生

眾所周知，英治下採用通才政務官治港的制度，專業人才未能在統治階層生根。通才精英治港有其好處，我個人了解，過去知識由特殊階層分子壟斷，若政府高官一定要由專業精英出任，通才精英便不能代表市民為大眾服務，久而久之，亦會產生流弊。政務官若干年調任一次，管治系統

林鄭月娥是政務官的精英。（亞新社）

不會迷信於某一套專業知識，有其好處，但另一方面管治知識及能力需要累積，若官員調動頻密，甚或因沒有人肯進入「熱廚房」，統治階層的能力未臻成熟，施政效果便打折扣。如何解決？

我個人覺得要施行混合制，即是說要研究專才與通才混合掌控不同政策局，但若政府認受性不足，沒有精英肯擔任政策局局長、副局，又未能招攬專才在一些重要位置上作出較長時間的承擔，五、六年一定要換位一次，走馬看花，絕非良策。

三、未有重視研究先行

有學者做出一些統計說，當年英國十分重視如何管治好香港，投入大量研究資源，在英國本土及本港，都有研究人員及資源投入城市設計、民生、基建、經濟、政治等各範疇，並利用不同架構的諮詢組織，收集民意，輸入管治系統中，故施政頗能回應社會轉變，民怨不大。反觀香港自回歸以來，管治上的爭拗多基於政治取向，沒有政策研究的基礎，而大學的研究部門，為爭取大學排

名，多以能取悅外國期刊的研究為優先，對本土研究冷待甚至排斥。政府投入研究本土政策的資源偏低，過往諮詢機構的地位自實施問責制後備受冷落，民間有識之士唯有透過傳媒及遊行向政府表達意見。到今天，五年過去了，這現象有沒有改善呢？大家判斷吧。

最後，我想透過一地兩檢的近期討論提出一些個人看法，內容與政府應加強研究，研究要走在政策之前有關：

（1）究竟應一地兩檢或是兩地兩檢呢？我的想法是：一地兩檢或兩地兩檢的可行辦法，是中港都應該研究的課題，內地官員若有說法，是否衝擊香港管治及一國兩制呢？有些人把這問題政治化。福田站使用的後備方案，屬於兩地兩檢的設計，今天若捨棄是中港共同商議的結果，亦是研究先行，決議隨後的結果，怎能說是中央干政呢？

（2）在西九站設立內地的邊防關檢，是一地兩檢的必須設計，究竟內地官員只能負責證件檢查、過關物品檢驗是否足夠？最近有民主派法律學者建議內地公安在西九邊檢範圍內應有逮捕、押解及遣返權，足以證明賦予前者，只有證件檢查，過關物品檢驗的權力是不足夠的。問題是：自己提出意見一定是可以的，但對方提出意見便是干預嗎？有傳媒報道內地把一些研究方案交港方參考，便有人大書特書這是港方自毀長城，合理嗎？

（3）有法律學者謂《基本法》的設立，為港方增加權力，或保障港方權力。要放棄西九站內某地域的司法管轄權是違反了《基本法》，我個人淺見：若我有權放棄某些權利，對我是增權還是削權呢？例如我方有權向輸入的外地商品徵稅，但我若為了市民能購買較便宜商品，豁免徵稅，我放棄徵稅之權，是否對我來說是削權呢？我有放棄生存之權（如安樂死），對我是增權還是削權呢？

無論如何，我覺得牽涉兩地的政策，一定要兩地都加以研究，若指這樣便是中央指指點點，凡事泛政治化，非香港之福。

個人認為香港應加大施政研究的力度，反之，某一日，我們亦只能事事接納內地的研究方案矣。我的父母曾經這樣教導我：「當我給權你自己管好自己，你便應善用這權力，否則我會取回這權力，事事我管矣。」這是教導？還是警告？

30年之後變或不變，人人有責。

2017年8月30日

給林鄭的三個施政錦囊

這幾天，香港的市面相當熱鬧，一方面十一國慶黃金周，加上與中秋佳節雙併的影響，旅遊部門統計來港旅客，比往年約增加百分之六，另方面臨近政府發表施政報告，不少市民、團體，透過請願甚至遊行，表達對林鄭政府首份施政計劃的期盼與訴求。今天是星期一，我也在此湊湊熱鬧，寫下三個給林鄭的施政錦囊，待星期三與她的施政報告核對一下，便可檢視一下港人未來命運。

第一個錦囊

與養老、護老有關。

記得二、三十年前，有一群學界朋友，為了自身打算又好，為了學界朋友的將來也好，展開一個合資活動，計劃是集資在內地選一個山明水秀的地方建屋，設養老院，甚至購置墳地，集資規模相當大，結果如何，由於當年我還年輕，賺的錢也不多，養妻活兒要緊，無暇為今天的安老打算，沒甚留意，但回想起來，不禁讚嘆一聲，不計成敗，他們的高瞻遠矚也值得一讚。

現在社會有所謂一小時生活圈，香港交通愈趨發達，稍後高鐵、港珠澳大橋等基建落成後，港府與內地地方政府合力尋找一些宜居之處，共建港人養老處所，做一些養老、護老建設，擴大港人宜居範圍，也可算是德政吧。

香港缺乏人口政策，向為學者詬病，在我來說，人口政策可簡化為「走出去，引進

來」，即是說人口流動的方略，在香港，大家都說「生於斯、長於斯」，甚至自豪說「老於斯、葬於斯」，但對於一個城市的發展，青年人的前途，不能走出去，也沒有引進來，是禍是福？

第二個錦囊

承接這個思路，第二個我給林鄭的錦囊是安居、樂業。

香港地少人多，向來令政府頭痛的問題，離不開居住，也因為我們走不出去，也無心於走出去，我們居住的環境，就業的選擇，便趨於狹迫，在今天，也就是一小時生活圈的概念，港府與內地地方政府若能合作，發展所謂大灣區，讓港人尤其是年輕人創業、就業，居住的空間得以拓濶，不是甚佳的想法？有一句體育用品宣傳用語Just do it，我在此也想引用，林鄭，Just do it！

第三個錦囊

提起年輕人就業，我提出的第三個錦囊是學業；香港人往往把學業與就業分開來看，好處是在選擇進修學科時可以較忠於自己的興趣，正如一些流行了相當日子的笑話：「父親對兒子說：我不再干預你讀大學的選科了，畢竟你在大學畢業時都會失業的。」但理想歸理想，現實是你可以選擇的學科，最終還是與就業有關，譬如有一個最大的問題，就是近代很多學科，在畢業前都需要實習，若沒有實習的場所，大學當局開辦該科

一定甚為困難，在香港，你讀醫科、會計、律師，找實習場地不難，酒店、商務也頗容易，但尖端科技與工程方面，便較為困難，愈是這樣，學習時的選擇愈少，出路便更狹窄，對香港這個面向世界的城市，是好消息？壞消息？當然我們可以出國留學，但這種「走出去」，因為很多的留學的青少年不能學成歸來後學以致用，所以沒有「走回來」，這便是人才流失。假如我們香港人，在 小時生活圈的概念得以實踐後，我們的年輕人有更多就業空間，即是說我們的下一代有更多的學習點，我們的年輕人不一定要出國留學，在附近的內地城市，也可以學習農業、畜牧、礦務工程、生物科技、尖端電子工程、航天科技……重要的是學習時可以實習，及學成後可以回港，留港服務。

以上三個錦囊，我發出去了，第二天休息一下，等待第三天 林鄭發表施政報告時驗證一下，便可預見我心目中的港人命運……。

好了，星期三到了，我在星期一用一小時生活圈的概念，在養老護老、安居樂業、學業等三方面，發出三個檢視林鄭施政報告的錦囊，是時候驗證一下她對於拓濶港人生活、安老、就業、學習等各方面的空間的功力了。中港融合，資源互通互補，是需要政策，有遠見的政策去配合的。

今天11時，我安靜的聽取林鄭親自宣讀的施政報告，這是我自香港回歸以來第一次這麼專心的聆聽特首宣讀施政報告，她

第一個錦囊：養老、護老；第二個錦囊：安居、樂業；第三個錦囊：年輕人學業。（Pixabay）

用了約40分鐘，字正腔圓，滿帶感情的讀出了她第一份施政報告的撮要版，我感到她及團隊施政的用心及前瞻性，但一如所料，內容並沒有我心目中重要的一小時生活圈的概念，在她的撮要版中，我聽得到的，她提了大灣區兩次，深圳一次。當然，這是本港的施政報告，不一定要提大灣區、深圳，但假如林鄭真如她所說，重視青年人的三業，即學業、事業、置業，叫青年人多走出去，不能不預作設計，老年人的走出去，也是重要。我們一方面可以「走出去」，另方面發展「引進來」，這才會讓香港的城市設計及人口政策，更具創新及開拓，而香港才能真正成為宜居城市。

林鄭説公務員要有破格思維，政府施政要以人為本，無微不至，這樣，我提出的三個施政錦囊，便是政府不能忽略的重大議題，我期望明年林鄭的施政報告，會認真思考及接納我今天提出的三個錦囊。

2017年10月16日

由問一個好問題説起

一、本港小四學生的閱讀能力世界排名下降，而且閱讀興趣方面更是排在榜末，是何原因？

記得1996年由中大學者牽頭的一項研究，已經發現本港小學生的學習興趣，由小三開始下降，多年來未有改善，奇怪的是，本港學生的成績，多年來與世界各地比較，卻仍然名列前茅（如PISA成績：15歲學生的學習能力研究），為甚麼？再次説明我們學生的成績是逼出來的。有人説：是怎樣出來的也好。最緊要是成績好，大家好交差，是嗎？我們學生的讀書興趣排榜末而成績卻在前列，對兒童的人生而言，是極大的扭曲，也即是説學習對學生的心理成長，有着極大的壓力。2000年開始的教改，標榜「拆牆鬆綁」，今天看來還是原地踏步。

不過對於閱讀能力下降，我個人卻有另外一些看法，希望專家們求證。事緣閱讀能力排首二位的是新加坡及俄羅斯，我覺得影響閱讀能力的除興趣外，便是閱讀材料的素質及閱讀時間，智能手機的興起有否影響？假若小朋友的時間及興趣被手機的遊戲佔據了。閱讀時間不足及閱讀材料的素質欠佳，必對閱讀能力的下降有極大相關性。相信俄羅斯兒童被手機攻陷的程度不及香港，至於新加坡，就算手機普及程度高，假若成人能夠提

小朋友的時間及興趣被手機的遊戲所佔據，對閱讀能力的下降有極大相關性。（Shutterstock）

供較高素質的閱讀材料，對閱讀興趣及能力或許也有幫助。無論如何，兒童的閱讀興趣應該是我們關注的問題。至於用了太多時間於補習，如何紓解，其實答案是有的，只在乎我們的決心。

二、為何老師不贊成明年全面復考小三 TSA/BCA？

有關明年會否全面復考小三TSA/BCA，相信在年終時檢討委員會會有一個建議。我個人對此問題的看法一向十分明確。

若說是學習的回饋，辦法十分多，用一個統一的測考，滯後的報告，對不同學校的教學有何裨益？答案不言而喻。若說是監管，好，不可以抽樣考、隔年考？以前我們用學科測驗監管各校水平，今天PISA的每三年抽樣4500-5000名15歲學生的測試，沒有認受性？我又不覺得。

去年有50多所小學做了一個小三TSA的題型、水平及報告模式的研究。今年又全面在小三BCA用了上述的研究成果做了測試。明年6月我們可以做一個抽樣測試的研究，再對應以上兩年的研究成果，在小心分析後再決定前路，不可以嗎？記得成立檢討小組的初始階段。有

成員認為：「抽樣考、隔年考不能減低考試壓力。」

一錘定音，便不再在這問題上深入研究，即是說，只能在改變報告模式，調校深淺度上，減低師生壓力了，假若效果理想，為甚麼還有八成老師反對全面復考？

制定一項教育政策，推行一個制度，對教育生態會有很大的影響，最近一個「未來教育指數」的研究認為，本港在教育政策的制定上，表現遠遠落後於亞洲平均數，能不叫人警惕？

我順手拈來，以下各項本港教育政策影響深遠，最近還要頻頻「補鑊」，大家都不希望這會成為常態吧！

中史科的地位（最近修訂為初中必修科）

中文科取消篇章教學（最近修訂為文言文回巢）

小學社科健合併為常識科（因小學老師科學科教學的本科培訓不足，令科學科學習效能未彰，未能補救）

中學DSE考試通識科獨大（還未見改良的曙光）

推行STEM百花齊放，無所適從（這只是一個開始）

教育界同工們，社會發展一日千里，不停地考驗我們的識見及承擔，我們要不停地發問一些好問題，以及為問題尋求最佳的解答。

2017年12月22日

作者簡介

曹啟樂，風采中學創校校長（2002—2014）。具學士、教育文憑、碩士資格。公職包括：教育評議會創會主席，現任執委；風采中學、德萃幼稚園、小學優才（楊殷有娣）書院、勞工子弟中學校董；香港教育大學顧問；學生能力國際評估計劃（PISA）香港中心監察委員會委員；羅氏慈善基金（Law's Charitable Foundation）執委；資優教育基金（GFF）執委；世界自然基金會（WWF）香港分會教育委員會委員；香港電台節目顧問。獲香港政府榮譽勳章（MH）。

校舍分配出了什麼問題

2017年9月下旬，教育局校舍分配委員會（以下簡稱委員會）公布2017年度第二次校舍分配結果，引起教育界關注，議論紛紛。筆者即日收到不少同工傳來信息，提出種種疑問。當中包括沒有在這次申辦新校的團體的成員。筆者審視分配的結果，綜合質疑的意見，認為值得提出討論，究竟校舍分配出了什麼問題？

辦學機會集中某一團體？

此次批出位於北區皇后山的兩個小學校舍，據知競爭激烈，申辦者既有大中小型辦學團體，亦不乏長期在該區辦學的團體，包括筆者所屬團體。當中部分在遞交辦學計劃書後，有面見委員會的機會，闡述辦學理念、構想，回答委員查詢。各團體代表充分準備，悉力以赴，然而分配結果，着實令人意外。

獲成功批校的某團體，營辦六間小學、一間中學，但其中兩間小學，年前卻因收生不足而結束。唯一的中學，早因收生困難而變成每級三班的學校。審批新校的一項準則，是團體的辦學往績。這樣往績而得到委員會的青睞，讓人疑慮重重。特別是和一些往績極為出色的團體相比，究竟有何優勝之處？內情如何？令人不解。

至於另一獲批的團體，現辦有16間幼稚園、13

校舍是寶貴的社會資源，稀有公共資產，是屬於社會大眾的。（Shutterstock）

間小學、18間中學。而在北區，現有兩所小學、兩所中學。其中一間小學更是2014年才新獲重置校舍，今年在新址開辦，是有36個課室的大型學校。委員會在四年之間，一連批予該團體兩所新校舍，連同現存的，在北區擁有三小兩中之勢。而另一些在北區植根超過10年以至30年的學校，辦學成績卓越，是區內、甚至全港也是赫赫有名的，只是在區內沒有所屬小學，但其團體在此次均未能成功獲批。不禁懷疑，在計劃內容、面見表現、往績各方面，真的不如成功獲批的團體？校舍是寶貴的辦學資源，是稀有的公共資產，而四年間連取兩新校舍，委員會如此集中地在同一區分派予同一個團體，原因何在？一些辦學團體已營辦十多所學校了，繼續獲批，其實委員會有沒有考慮一些中小型團體，辦學表現出色，往績可靠的，有個機會去發展所長，貢獻學界？

辦學多元化，是要肯定及得到支持的；不同團體各有特色與強項，讓更多不同類型、背景的團體去營辦新學校，促成香港教育百花齊放，面目各異，而提供的教育經歷有所不同，讓學生受益，學界呈現更多樣化的寶貴辦學經驗，是不是好過把辦學機會集中於某一團體呢？在回歸初期，委員會首任委員中，不乏教育大行家，如時任中大教育學院鍾宇平院長、恒生商學院崔康常院長。當時批出校舍予很多不同團體，營造一個學界面目一新現象，實在令人敬佩、懷念。

委員對中小學教育認識多深？

筆者前面所述，很多屬於認知範圍，不涉

教育是培養新一代的重要事工。（Shutterstock）

情感因素。我提出質疑，究竟各委員在審批過程，是否知悉有關事實，例如某團體的辦學往績，另一團體的連續獲批的紀錄，以至其他申辦團體的往績，諸如此類呢？如果不明不白，而作出批校決定，實屬糊塗；如果明知而為之，更是失職。

現屆委員會由六名政府人員（教育局副秘書長任主席，另加五位首席助理秘書長）及七名非官方人士組成。此七人中，三位來自商界、專業界、一位來自社工界，三位來自教育界，不是基礎教育界，而是大學的教授，但亦不是屬於教育學系的，而是康復治療、公共衛生、社會工作等學系。非官方委員對前線教育情況掌握有多少，對中小學基礎教育認識有多深，對前述有關團體的往績、狀況是否知情，有否主動去了解申辦團體的實力，以往的獲批紀錄等，這都是問題。恰巧地，這次獲批校舍的團體，都是提供社會服務的綜合性志願團體，其社福傾向甚明顯，會否獲相似背景的委員特別垂青，不得而知。

至於五位首席助秘，分管基建與研究支援、幼稚園教育、特殊教育、學校發展、質素保證及校本支援。他們又對前述事實所知多少，有沒有在會上提供相關資訊予委員會考慮，亦是值得質疑的地方。由於會議閉門進行，會議紀錄亦不公開，公眾人士無從得知。不過可以肯定的是，這次校舍分批結果，很難令人信服，很多疑問有待澄清。

筆者只想善意提出，委員會若不再檢視其組織與運作，盡快作出重組及改善，只會進一步削弱其認受性與公信力。重申一次，校舍是寶貴社會資源，稀有的公共資產，是屬於社會大眾的。教育是培養新一代的重要事工，辦學乃千秋大業，豈能忽視。

2017年11月20日

合約制：三種情境、一個寓言

對於合約教師制，筆者的意見在兩篇拙作已說過。總括而言，我認為合約制是在一個特定歷史時空內出現的。面對排山倒海的工作，合約教師不啻是甘霖，助常額老師紓壓，也讓新畢業大學生覓得教席，而此制亦在現實上會長久存在。當然，同一時間，業界應繼續爭取改善班師比，增加校內常額老師數目，並且要優化合約制，摒除其中流弊。於此，顏光貴老師〈教育界可以為合約教師做些什麼？〉一文實具考察價值，他不煽情，不作人身攻擊，實實在在的向教育團體、學校管理層，以至政府提出懇切呼籲，優化及規範化合約制，凝聚共識，制定合約老師工作指引，成立新教師支援網絡，讓合約老師不受剝削、有所鍛鍊而又看到前景。

取消合約制會如何？

在此，就合約制，筆者再提三種情境、一個寓言：

情境一：某歷史悠久，校友英才輩出的資助中學，面對日漸突凸顯的學生個別學習差異增加的問題，為了更好地照顧學生學習需要，校友們打算捐出巨款，在低班中英文科施行分組教學，故增聘語文老師。此舉讓學生得益，又讓新教師有更多入行機會。

情境二：某資助小學，近年銳意推行STEM教育，校內老師自發構思新穎教育計劃，因需大量資金，於是打算申請優質教育基金，當中包括增聘教師，以替代個別需出力承擔額外計劃負擔的現任常額老師，而計劃終獲基金通過，眼看可以順利開推，讓學生有更佳STEM 學習機會，發展潛能，老師既有額外人手支援，可無後顧之憂，而一些欲入行的大學畢業生，又有晉身教育界的機會，因為實際上常額教師難得啊！

情境三：林鄭特首在眾多教育團體極力爭取下，終於在任期內某年增加常額教席至每班加0.3名，讓所有現任的合約老師可納常額編制。然而在一、二年後，部分學校仍為學生着想，或為減輕老師工作負擔，又或想申請基金撥款，推行新的教育計劃，而需要額外人手。然而合約制已被禁止了，結果⋯⋯

對。以上三情境，前二者對學校、師生俾益顯而易見，假若合約制被禁了，分組教學實施不了，STEM新計劃推行無期，因為校方不能再聘任額外教師了。而情境三，初期實施時是皆大歡喜，掌聲不斷。但再過一段時間，校方要再增加額外人手，變得不可能，學校很多新計劃非現有人手應付，故只好擱下不表。更有甚者，欲入行

有人把寓言當真實，而假設社會資源無限，政府撥款予教育，包括教師數目與薪金並不設限。（亞新社）

的新畢業者，更是近乎絕望，因要苦等常額老師退休或轉行。要苦等呀。當然，這些人，是沒有人會關心，替其發聲的，他們根本未進入教師行業，亦定必不是教師工會的會員。

沒有合約制只是寓言？

或者說，可繼續向政府施壓，0.3已不夠用，要再增加。但增加需時，此其一，資源不是無限的，也不能只向教育傾斜，此其二。讀者們，合約制是否有一定作用，是否會長久存在，廢除了，對誰有利，對誰不利？大家評評（當然要加以改善，優化）。

寓言一則：在這麼一個社會，資源是無限的，又或者，政府給予教育的撥款是不設限的，故資助學校可以開設任何數量的常額教席，而樂意晉身教學行列的大學畢業生，只要校方聘請，均可入職，在這裏所有教席都是編制內的，全然沒有合約制教席。

讀者看到這裏，會不禁說一聲「荒謬，不可能」吧，且慢，我明明說這是則寓言嘛。然而卻真的有人把寓言當真實，而假設社會資源無限，政府撥款予教育，包括教師數目與薪金並不設限，因而作出只許設常額教席，禁絕合約教席

的訴求，且對持不同意見者恣意攻擊，出言侮辱，失了風度之餘，更顯思考不周全。

最後順道一提，為何校長不設合約制。如教師合約制般定義的校長合約制，於資校不存在，是因歷史、社會條件不同，常額老師數目不足夠催生了合約制，這於校長而言並不存在。但廣義地說，校長難納入常額編制，辦學團體不滿意其表現，可按合約規定，予以通知中止合約；而常額教師，校方欲與之解約，則在試用期後，要予以口頭、書面警告，未見改善，再經工會、教局介入等程序，才有機會落實。常額與合約均有利弊，前者可保障教師職位，穩定士氣，但卻也保障了缺乏專業精神的老師，讓他們在「不作為」、「不負責任」、「不稱職」情況下仍靠着「玩程序」，以至工會強力支持，而拖拖拉拉，讓學生受害，同事受累，公義不彰，且消磨管理層精力。資助學校總有此種情況，校長們、老師們太熟悉不過了。凡事，總有其兩面性，總要客觀評估，總會有空間去作出改善的啊。

2017年9月1日

教師合約制是一道活水

拙文〈合約制不是洪水猛獸〉，頗引起議論，故值得再闡明一些觀點。合約制有歷史原因。教改以來，教師工作量倍增，社會對學校的要求多了，有特殊學習需要的學童更多被識別出來，教學上要處理更多的學習差異問題，以及校本評核的增設，其他學習經歷的推出等等。這並非常額編制（即固定的班師比）教師人數所能應付，必須增加教師人手。然而，要改善班師比，增加常額老師數目，涉及問題十分複雜，不是朝夕間可以解決的，遠水不能救近火，於是教育界的做法是，一方面極力爭取改善班師比，另一方面要求政府增撥資源，讓學校可即時增聘人手，應付繁重工作，舒緩教師壓力。

合約制出現的歷史因素

同時，由於升學人口減少，小學率先「縮班殺校」，中學部分亦需縮班，因而全港學校班數大幅減少，導致常額老師數目亦隨之減少，面對以上情況，即常額編制無法快速改善，全港常額教師數目因縮班而減少，新畢業生要謀一常額教席是極其艱難的。在班師比未改善前，業界歡迎政府撥出資源，讓學校自行以合約方式去增聘教師，而除了此法外，暫時也想不出其他有效方法了。

假設當初不增撥資源，學校不能聘任合約老師，眾多新畢業者即使想投身教育行業，也不得其門而入。（灼見名家）

由此觀之，合約制出現有其歷史時空因素，它同時解決了新畢業大學生進身教師行業，以及學校可增加教師人數，及舒緩教師工作壓力的問題。當然，在此時期，教育團體仍不斷要求政府改善學校班師比，增加常額教師數目，近日林鄭特首增撥教育資源，每班增加0.1個常額教師，以至有2350位合約教席可轉為常額教席，是業界全人多年爭取的成果。

然而，無論班師比如何改善，例如增加至0.3人，即24班學校多7.2位常額教師，其實仍滿足不了不少學校人手上的需要，有些津校的編制外人手有十多人，更遑論直資、私立學校，老師人數更多，因此，始終合約教師會長期存在（減少了，但仍會有的），並且對學校、教師、學生而言也是需要的。

新畢業者望門興嘆　常額教師捱壞身子

相反，假設當初不增撥資源，學校不能聘任合約老師，那麼，眾多新畢業者即使想投身教育行業，也不得其門而入（那2350人，以及未轉常額的其他人，亦不復存在）。而既存常額教師面對工作倍增，而苦無人力支援時，當時會產生嚴重影響，基於絕大部分教師是十分盡責的，他們會捱至一身病，部分會選擇提早退休，管理層窮於應付人手不足，教師壓力「爆煲」，優秀老師身體拖垮而離任等人事問題，學生因教師不足而沒有得到更好的照顧，師生個別接觸，個人與小組輔導更難開展，其他學習經歷活動未能推行，而發揮潛能機會大減。筆者基於以上種種考慮，指出合約制不是洪水猛獸，是道活水，否則學校只會變成一潭死水。

最後，分享一些個人經驗：筆者任職校長時運用政府撥款增設教學助理和合約教師，前者大專程度，支援教師行政工作，不用任教，工資與新大學畢業生平均水平相若，並逐步調升；後者大學畢業，部分修畢教育文憑，工資與常額老師看齊（既無助理教師之職，亦非低薪）。他們的流失率低，那數位教學助理，有些完成了大學學位課程，仍喜歡留校工作，有些則明言樂意支援教師而不想當正規老師。至於合約教師，有些

任內完成碩士，教育文憑，獲得轉常額機會，或在外覓得常額教席，得到同事祝福，有些則可以工作數年後轉為常額（要視乎有否空額，科目組合，接任職位的要求等）。假設當初沒有合約制，他們入不了行，社會中少了多少有心有力的教師啊！如日後真的不准施行合約制，得的是誰，失的又是誰？筆者長期出任中小幼校董，當中包括資助、直資及私立學校，接觸的合約老師為數不少，對這三類學校的管理亦有一定認知，我要肯定合約老師大多充滿活力，有創意，富專業精神與能力，學校辦學表現備受肯定，合約老師有其貢獻。校方愛才，不會壓低人工，只會盡力留人，而他們並沒有怨聲載道，流失率亦屬正常。後兩類更多聘教席，讓有志教學者一展身手，包括一些從事其他行業而欲任職教師者（例如航空界、資訊科技界、商界、紀律部隊等）。

有人說合約制有害無利，能否舉一例，有學校拒絕撥款，不聘合約老師，堅持只用常額教師進行教學的？不要太看扁學校管理層啊。當然，校方對合約制有一個消化、試驗、改正、優化的學習過程，會總結正反經驗逐步改善合約制的。

2017年7月13日

作者簡介

黃家樑，教育評議會副主席、中學通識教育科和中國歷史科教師、第三屆行政長官卓越教學獎得獎者、香港通識教育會副會長、普及國史教育關注組召集人。擁有多年教授通識科及中國歷史科經驗，經常在報刊上分享香港史、歷史教學及通識科教學心得，評論教育政策，並主講有關香港歷史、通識教育、公民教育和中史教學研討會。著有通識教育、香港史、中國歷史、中文教學書籍及教材數十種，包括《香港古跡考察指南》、《簡明香港歷史》、《漫談香港史》、《舊香港》、《香港倒後鏡》、《藏在古跡裏的香港》、《如何教好通識科》、《通識應試攻略》等。

初中中國歷史科應詳教政治興亡史？

早前，特首林鄭月娥發表施政報告，已表明將於下學年恢復初中中史作為獨立必修科的地位，所以新課程將會面向本港所有初中學生，承擔普及教育之中國史教育和國民教育的重責。作為全港年輕人在普及教育階段的課程，中史科內容必須全面而適切，有助新一代客觀、全面、有系統、有興趣地學習國史，了解國家民族的過去，並鑑古知今，明辨是非善惡，對國史和國族擁有一份溫情與敬意。要達到這一目的，政治興亡史理應得到重視，並扮演至為重要角色，所以新修訂初中中國歷史科課程，政治史佔七成半內容，文化史只有一成半，實在值得支持和肯定。

課程架構形同虛設

不過，課程內容應如何取捨，社會上有不同意見。有人批評新修訂初中中國歷史科課程，有重政治興亡史而輕社會文化史的傾向，令學生只知中國歷朝治亂興衰的循環，未能從多角度理解中國歷史發展。然而，眾所周知，舊中史課程分甲部和乙部，甲部是政治興亡史，乙部是文化史，課程本身具備社會文化的內容，教師之所以不教是因為初中中史科課時不足，與課程結構無關。事實上，不少學校都未能完成甲部課程，嚴重者在初中三年只能教完八年抗戰，試問又那有空間

政治興亡和朝代特色是根本，由此衍生的社會文化現象是枝幹。（Pixabay）

教授文化史呢？所謂前車可鑑，如果當局在新課程加入過多的內容，為增加文化史而令內容超載，最終課時不足和課程未能完成的問題將會重現，屆時整個課程架構都會形同虛設。

當時論者又會提出疑問，既然課時不足，何不刪削政治史，令學校必須教授文化史內容呢？其實，政治興亡史與社會文化史息息相關，兩者不可分割，有漢武帝的文治武功，方有張騫開絲綢之路；有魏晉南北朝之亂世，佛教道教才有興盛的土壤；在隋唐胡漢融合的大帝國背景下，唐朝女性地位提高和玄奘西行求法由此出現。因此，政治興亡和朝代特色是根本，由此衍生的社會文化現象是枝幹。如果削政治史而大量引入文化史，只會令文化史成為無根之花，無源之水。而加入文化史理應在政治興亡史的學習基礎上開展，方能取得

成效。因此，當年國史大師錢穆為出版社校訂的中史課本亦採用上述的鋪排方式；史學家司馬遷的紀傳體亦先寫本紀和世家，載述朝代興亡，才在列傳中加入社會人物，在書中記述典章制度。所謂述往知來，先政治興亡史而後社會文化史，實乃治史之通則，無庸多言。

再者，雖然政治興亡史有七成半之多，但我們不應將政治興亡史與社會文化史截然二分，前者課題實包含不少社會文化內涵。舉例而言，政治史內漢武帝的獨尊儒術及士人政府，當中固然有政治史內容，令學生可從中理解前人治國之道，但課題未嘗不涵蓋文化成份，如昔日的選士制度和儒家治國理念，下一代可從中知其梗概。此外，封建制度的內容中的相關措施、春秋戰國的社會經濟現象、秦始皇統治措施的經濟和建設部

分、北方政局中的胡漢融合、開皇之治的經濟制度等，都是政治史中包含文化史的例子，文化史不會只有一成半，一成半只是以專題形式介紹的文化史而已。

不同角度認識中國

政治興亡史所教的除了中國歷朝治亂興衰，當中實涉及無數志士仁人的事跡，也有奸臣國賊的劣行，可以起公民教育和品德教育的作用，跟春秋筆法的賢賢賤不肖，使亂臣賊子懼有異曲同工之處。至於近現代史的部分，新一代可以從列強入侵史事和改革圖強運動中領悟民族精神，從中華人民共和國的歷史了解國情，做到古今連結，理解當前社會現象的來龍去脈，達到國民教育的目的。

此外，有人認為政治興亡史枯燥乏味，文化史則較有趣味，可讓學生從不同角度認識中國歷史，要求進一步減低政治史的比重。然而，這種意見刻意揚文化史而貶政治興亡史，低估了後者的作用和重要性。其實，參觀考察、電子教學、思維教學、探究式學習等，不是文化史的專利，政治史也可加以實踐運用。以往社會人士對中史科政治史枯燥乏味的印象，主要源於大量初中兼教中史老師的現象。只要師資素質問題一日不解決，無論教的是文化史，還是戰爭史，又或是社會史，都難以保證教學的趣味性和啟發性。當然，要短期內落實中史課由中史專科老師教授的理想，恐怕並非易事，故當局可考慮為兼教老師提供培訓和複修課程，同時向學校提供人力與教材的支援，以確保教學素質，讓中史科能夠在獨立必修的前提下，為新一代提供適切的國史教育。

2017年11月10日

還學生一個快樂的童年

社會上有不少調查發現，本港兒童整體快樂指數偏低，壓力來自學業和課外活動。另一個重要的指標是學童生理和心理上負擔，最近就有調查顯示，受訪學童書包平均重量高達4.9公斤，八成以上書包過重。作為教師或家長的你，看到此情此景，可會反思香港教育制度為何會落得如此田地。是香港社會太過功利主義，競爭激烈，波及教育制度？是家長望子成龍的心態，演變成怪獸家長，千方百計催谷子女？是學校為求生存，或為了維持校譽，要求學生十八般武藝樣樣皆能，又要讀得考得玩得，以致學子疲於奔命？是教師的教學文化和意識形態已經進入成績掛帥的慣性模式，教學、功課、考評等都以提昇考試成績為

老師宜以愛心和鼓勵，發掘學生的優點和愛好，循循善誘。（Pixabay）

金科玉律？是政府設計教學制度時處處只顧精英階層，忽略大多數能力平庸的學生，以致各方被迫揠苗助長，為求培養一批社會精英而一將功成萬骨枯？姑勿論你認為責任在何方，可以肯定的是，唯一不需要負上責任的就是學生本身。

鬆綁變催谷

回想當年教育改革，教育統籌委員會提出「樂善勇敢」的口號，要為學子拆牆鬆綁，但很多全人發展的宏圖不久就變成全方位催谷和壓力，多元化辦學變成全面和提前的競爭，不少政策走樣變形。撇開社會大眾至為熟悉的全港性系統評估不談，以小學全日制為例，當年不少學校高唱上午上課、下午活動，但試問今日有多少學校有如此安排？以直資學校收生為例，當初容許其向全港各區收生並進行面試的措施，竟變成學童要參與面試班，要學會不同技能，也非我們始料所及。又以書包過重問題為例，過重情況年年引起關注，早已成為政黨和新聞界每年開學要處理的項目，但問題至今依然，實在教人無奈。在強調競爭和評比的教育政策下，在超負荷的課程內容限制下，在公開考試的指揮棒下，在大學學位競爭激烈下，我們作為老師和家長的可以做些甚麼呢？

所謂人人頭頂一片天，如果你是認同學

童應該要有愉快的童年，在如斯惡性競爭的環境下，家長要擺脫上述的困局，仍可有所作為。第一，除非你的子女是精英（當然家長都希望如此，但請客觀判斷），最好不要報讀傳統名校，否則揠苗助長的苦日子，天天陪讀或補習的生涯會長伴左右。第二，在選校時，為子女找一間真正重視兒童成長，較少惡性催谷的學校。儘管為數不多，但無論是私校還是津校，這類型的學校還是有的。第三，如找不到這些學校，請找一間合適自己子女能力的，又或是對學術不會過分要求的學校。第四，無論進入甚麼學校，你必明白分數、名次和成績就如浮雲，切記要看破紅塵，特別在子女面前保持這態度，當然到了小五呈分試開始，就要某程度上參與這個競爭遊戲。第五，在求學不是求分數的前提下，不代表不對孩子進行培育，大家要維持其對學習的好奇心和興趣，要鼓勵他們課外閱讀，要發掘他們的優點和愛好，循循善誘，使其養成閱讀的習慣和學習的基本能力。如此這般，即使眼前成績排名不如別人，但假以時日，信有浴火重生的一天。

老師予以鼓勵

至於教師方面，如果認為同學應該要有愉快的童年，相信學習在有效之餘也要有趣，在面對成績競逐的環境下，你也可以做好自己，做出驚喜。第一，我們的功課和測考是否適量，有沒有考慮到同學身心發展的需要；我們給予的習作是否有意義，而不是惡性操練和刻板抄寫。第二，我們的教學和批改時有沒有包容和愛護孩子的心，有沒有扼殺他們的學習熱情和奇思妙想；你會否只跟標準答案照本宣科，又會否斤斤計較於各種格式或規限。第三，在提昇學生成績的壓力下，你可否爭取空間為教學加入不同的學習元素，令課堂充滿創意、快樂、思考的空間，哪怕是一節只有五分鐘，一星期只有一節，一學期只有一次，然後日積月累，聚沙成塔。第四，面對排山倒海的工作量，每日改不完的習作，班內大量要照顧的同學，我們有否時刻自我反思，有否留意同學的性向差異，因材施教，加以鼓勵。

當然，對於面對公開試或升學關口的班別來說，在今時今日操練和催谷是很難避免的，但當中也有良性和惡性之分，而且學生的感覺很多時是在乎師生平日之間的相處，我們有用心去經營師生之間的情意嗎？當然，要依書直說，要依中央指示搞好成績，要為子女贏，順主流而行，那是容易的康莊大道，要為子女或學生爭取愉快的童年，那就如在鋼線上行走，一切有賴大家。

2017年10月11日

班級與教師比例應該是多少？

究竟班師比怎樣才算合理，似乎沒有客觀的準則。（Pixabay）

候任特首林鄭月娥早前會見各教育團體，公布運用新增每年50億元教育經常開支的建議，其中備受關注的「班級與教師比例」（以下簡稱班師比）亦有定案，小學、初中及高中每班的均增加0.1個常額教席，即小學每一班應有1.6名教師，初中有1.8名，高中則有2.1名。有關增幅跟教育界普遍期望的0.3雖有一定差距，但不少教育界人士表示作為短期措施仍屬可以接受。

班師比的重要性

班師比決定一間學校可聘請老師的數目，而全校老師的多寡會影響學校的教學和行政人手，也會間接影響每班的人數，對教育素質有舉足輕重的影響。班師比愈高，學校的教師人數愈多，老師的教學節數得以減少，須分擔的行政和雜務工作可以減輕，從而更專注於設計課程、準備教材、批改習作和關顧學生成長等教書育人的工作；隨着教師人手增加，學校可以因應學生的學習差異，安排更多分組授課，變相推行小班教育，有助拔尖補底，其重要性實不言而喻。

鑑古知今 求取平衡

究竟班師比怎樣才算合理，似乎沒有客觀的準則，也沒有所謂的「理想」數字，但我們可以鑑古知今，嘗試從歷史的角度分析班師比的變化，從中找出一些線索。小學方面，就筆者所見的昔日教育政策文件，在1965年前，本港小學的班師比為1：1.2，但港府以財政負擔為由在1965年發表的《教育政策》報告建議調低至1：1.1。中學方面，初中和高中也於當年調低0.1至1：1.3，但為保證教育素質，預科則沒有採納委員會調低至1：1.6的建議，維持1：2不變。由此可見，早在香港經濟起飛前，教育當局面對資源不足的艱難歲月，力求在財政支出和教育素質之間的兩難局面下，求取平衡。

隨着香港經濟發展，改善教育素質的呼聲日高，港府於1982年邀請國際顧問團檢視香港教育制度，連串的改善措施陸續登場，小學班師比回復至1：1.2水平，以推動輔導教學和活動教學。及至1992年的《第五號報告書》，小學為實施目標為本評估等項目，小學班師比調升至1：1.3（半日制）和1：1.4（全日制），而政府於2006年為配合專科教學的推展，小學班師比至再調升0.1。

中學方面，自1965年的改動後，班師比至2009年仍一如既往，可說是近50年不變，但政府採用增加額外教席的方式增加教師數目，以配合和支援分組授課、輔導教學、語文教學、母語教學等項目。例如1984年《教育統籌委員會第二號報告書》回應國際顧問團的建議，決定增加教席在中六推行分班授課，並增聘一名實用、術科及工業學位教師；1990年的《教育統籌委員會第四號報告書》則接納中學增加額外輔導老師的建議；1992年的《教育統籌委員會第五號報告書》建議30班以下的中學增設一個常額文憑教席，30班以上則增設兩席，以推行初中目標為本評估。不難發現，中學雖沒有增加班師比，但政府會定期建議增加額外教席以配合教育改革項目。要言之，昔日政府每推行新教育政策，均會在人力資源上作出一定支援，以免出現「既要馬兒好，又要馬兒不吃草」的矛盾。

正視業內「同工不同酬」苦況

中學班師比要待2009年新高中學制推行，才有所改動。當年政府將班師比大幅調高，初中由1：1.3上調至1：1.7，新高中班級和舊制會考也由1：1.3上調至1：1.9，舊制預科亦升至1：2.3。到了2012年，預科課程結束，政府整合資源，將高中班師比提升至1：2。單從班師比的角度看，政府看似大力增加中學人手以應改革所需，但當局其實同時取消上述輔導教學、母語教學等教師職位，故整體上中學編制內教師數目只

有輕微上升，小部分學校編制內人手甚至不增反減。更重要的是，隨着新高中學制推出，校本評核、通識必修、其他學習經歷、學生學習概覽、生涯規劃的項目如百花齊放，加上融合教育、升中組別五改三等，令學習差異擴大，教師人手自然捉襟見肘。面對如此困局，教育當局以提供一筆過或有時限的津貼，讓學校聘請短期的編制外教師，以濟燃眉之急，但合約教師問題由此衍生。合約制教師與編制內常額教師的工作性質相同，工作量有過之而無不及，但只得忍受「同工不同酬」的不公平待遇；又欠缺職業保障，隨着津貼的更動或結束，任憑教育局呼之則來，揮之則去，失去作為一個有專業教育工作者的應有尊嚴；發展前景則一片灰暗，既無按年資而累積的增薪點，又要頻繁轉校，每次轉校的薪酬或要從頭開始，嚴重影響教師團隊的士氣與素質。

冀望循序漸進增加教席

其實，教育界爭取增加班師比，原因之一固然是教育改革下教師的工作量與日俱增，但另一個重要原因正是希望新增的資源和人手以恒常的方式發放，能夠多為學校提供編制內的教席，以穩定教師隊伍，改善教育素質。是次候任特首林鄭月娥答允增加常額教席0.1個可算是個好的開始，還望日後能循序漸進，再接再厲。

2017年6月12日

表一：歷年小學班師比改變

年份	小學班師比	改動原因
1965年前	1：1.2	/
1965年	1：1.1	減低政府財政開支
1982年	1：1.2	推動輔導教學和活動教學等
1993年	1：1.3（半日制）1：1.4（全日制）	實施目標為本評估
2006年	1：1.4（半日制）1：1.5（全日制）	配合專科教學
2017年	1：1.6	邁向優質教育，處理合約問題

表二：歷年中學班師比改變

年份	初中	高中	預科	改動原因
1965年前	1：1.4	1：1.4	1：2	/
1965年	1：1.3	1：1.3	1：2	減低政府財政開支
2009年	1：1.7	1：1.9	1：2.3	推行新高中學制
2012年	1：1.7	1：2	/	舊制預科結束，整合教育資源
2017年	1：1.8	1：2.1	/	邁向優質教育，處理合約教師問題

作者簡介

黃冬柏，新會商會中學校長。畢業於香港中文大學，主修物理學；主教科目包括物理、科學及高補程度通識科等。曾任考評局物理科校本評核地區聯絡員，2003年參加「傑出教師選舉」獲頒優異獎，2011年獲頒海華師鐸獎。教育評議會創會會員及第一至第四屆執行委員、歷任秘書及出版崗位；近年亦有出任教師中心諮詢及管理委員會委員。過去多年來關注課程發展、學校管理與改進、學生成長和教育改革等課題，曾就有關課題及政策於報章發表文章。近年亦有參與香港教師中心出版組工作（《教師中心通訊》編委會）、曾任教評會刊物《教育現場》及「教評心事」專欄結集的編輯工作。

從民主牆風波得到的學習

這起風波自開學以來，鬧到此刻仍是餘波未了，反映事件極受關注。加上發生在精英雲集的大學象牙塔內、涉事者又是年輕人和關乎培育新一代的人、更因波及前線教育界，所以一度令社會出現過激和帶有偏見的評議和責難。

當事情漸次沉澱下來時，是否可從中找出可供學習之處？除事件本身外，社會的討論多數集中在事件引發的社會價值觀和政治爭拗；本文擬從另外一些角度，談談事件可帶出的學習機會。

重振文明規則

民主牆的概念應源自「大鳴大放」的年代，那時候資訊傳遞不易，透過寫大字報把一己之見公告天下，並爭取更多的支持。大學校園提供位置供學生撰寫大字報，利用僅有的空間擠入自己洋洋灑灑、有理有節的意見。想當年，偶有流連壁報前細讀，亦時有收穫。

作為言論自由的表徵，寫大字報並非無規無矩的，例如：留下作者姓名系別、不得人身攻擊或侮罵他人、引述要有憑證等。最近的民主牆風波的報道，似乎這些文明做法已不見蹤影，或者管理當局有法不依！由此可見大學校園諸君在追求言論自由時，實在有需要重振文明規則，是為第一個學習機會。

小學生在黑板上抒發己見，大學生在寫大字報，都是想把一己之見公告天下的行為。（Pixabay）

以電腦列印幾個超大的大字張貼出來，豈能視之為「言論」，最多只算是「標語」。本來只要是言之有物亦無不可，但此番只見謾罵、侮辱、激動，充其量只配做示威遊行時舉牌所用的口號，根本算不上是意見。貼在民主牆上的「見解」，根本就是新世代慣用的網絡用語。從中可見語文運用的學習，確是急切需求。身為教育界應再三反思，除了遷就學生而採用網絡外星文來溝通，也應有責任引導他們，寫得出有頭有尾的句子，並能用幾十字的篇幅來表達自己的理念。

重新學習何謂自由

撇除政治爭拗外，風波的一個重心是言論自由，上文基本上未有觸及太多。唯提到自由，必須重新學習何謂「自由」。城中一位算是公眾人物在風波期間發表了一句「言論自由就是自由，其他都不用講」；坊間有不少報道，但這種說法其實是歪理。言論自由、新聞自由、人身自由、學術自由，甚至可以推廣到人權、歧視、公平這些概念，往往就被一些似是而非的歪理，套用了好像符合邏輯的演繹，最終得出某些人想要有的結論。

回顧這起風波，以至早前幾次社會事件，傳媒引述或報道的內容裏，基本上就是充滿着這類用歪理搭建的自我理論。學校如何提供機會，讓學生有能力從紛亂的邏輯和海量信息中，找出有用材料加以分析、找出結論？這是很重要的技能，而且是不可能從啃書本、衝考試中學得到。任何人都有權發表對己方有利的言論，學好這種技能令自己不會在現代世界中被愚弄，甚至以為光有偉大目標就可以無視社會制約和法、理、情的要求。這個學習對個人和對學校也非一件易事。

事件中亦讓我們見到人際間尊重和諒解是必需品，關於同理心已有很多討論；簡單一句，學校德育尚待努力！

最後一提，就是「普及化」或「簡單地推廣」的弊端。幾件涉及民主牆的事件，表面上都是個別事件，然而坊間不少評論很快就推廣成為整體大學生；或者由三數個人士提出一些猜度，繼而抨擊建制或政府官員。結果把事件升溫，令人無法冷靜思考，連解決的第一步也行不出去。

類似處事手法，存在已久，我們需要指出這種方式根本於事無補。在維持各方價值取態下，商議出可行的方案，才是解決之道。這想法根本就是在中小學都有推行的「復和」，社會也要學習「復和」。

2017年9月27日

教育核心問題的共識

特首選舉已進入最熾熱的階段，雖說只是一個千多人有票的小圈子選舉，幾百萬香港人卻當作自己手上有選票那般的投入，也是一件好事，起碼多了人關心公共事務和社會現況。

在提名期前已表示有意角逐的幾位參選人，除了房屋和民生議題外，都表示將會把教育事務加入政綱內，甚至成為重點。撰稿時部分參選人的政綱確是比現屆政府更為關注教育，對此也會有點雀躍。事實上，二次大戰以後任何國家地區的民主選戰中，對內事務中鮮有不理教育的，畢竟教育策略是關係到地區發展和以後幾十年社會命脈的一個重大項目。

教育議題難有共識

現況中教育界選委幾乎是一面倒傾向單一陣營。在基礎教育範疇尤為顯著，全部有票者均來自同一團體，可算是小圈子選舉之下的另一層小圈子；對比

於教育界內山頭林立的意見光譜，究竟這批選委能夠代表到的寬廣程度算是幾多呢？相信在公開場合與教育有關的討論，最終未必可以影響到這批選委的投票意向。如前所述為了表示對特首選舉有所關心，近一個月來社會上仍是有些相對理性的探討。

在一篇由教育統籌委員會前委員戴希立撰寫的文章，他提出教育的核心問題是人才培育；香港未來的競爭力繫於人才的多寡和素質（註）。這觀點與特區成立之初推動教育改革時倡議的教育目標可算是一脈相承。筆者作為教育界一份子，對此當然不會反對；尤其是當中提及，要搞好學生培育就要提升培育者的專業素質和釋放他們的能量。不過，筆者卻懷疑社會上有幾多人是真正認同這種看法。

雖然社會上超過大半人口都算是教育的

討論教育的核心問題時，必然存有很大分歧，是個難有共識的議題。（Pixabay）

持分者，除教育人員和學生外，大多數成年人都是或者曾是家長、工作人口都是學校教育的產出（校友）、資本家或機構管理人就是教育產出的下把。因此，人人都有談教育的位置和角度。但要認真地探討教育本質、教育規劃與社會發展、落實教育程序等偏向教育專業議題時，這些人又可有必需的的知識和資歷呢？在發表教育意見時，亦難以抽離個人本身或所屬範疇的利益。從事教育的專業人員或會顧及學生利益，而相關官員制訂政策時則要顧及社會發展和平衡。換言之，討論教育的核心問題時，必然存有很大分歧，這是個難有共識的議題。

假若最終當選的特首亦認同人才培育是教育的核心問題，日後仍要花很大力氣去帶領社會取得共識；自世紀初燃起的教育改革迄今，幾乎20年的經歷就已說明，這個共識仍未廣被接受。

特區自成立以來投入教育的資源不可謂少，至少比港英年代多了很多；但社會對教育界的尊重卻是每下愈況。若認同培育者的重要性，起碼社會應有較濃厚的尊師重道的文化才是；可是當前所見，很多時帶頭貶低教師或學校的就包括了個別傳媒、中產家長、某些專業人士，甚至教育界本身的個別人士！

最後連所謂要培育的人才是甚麼，也許都難有共識。某次與勞福局前局長張建宗聊到香港未來最需要的人才，那是ＡＢＣ：分別代表了航空（包括物流運輸）、建築和建造、護理（尤其是照顧老人）三大範疇的從業員；那是針對本地經濟和人口的中長期發展預測而來的。當時談及這些人才的來源時，都認為很大部分是來自所謂第三組別的學生。可是社會人士，有幾多人會如是想呢？提起人才，人們會想及三師、環球金融或網絡精英；這些都是寶貴的人才，但所需的數目不會很多，反而上述的ＡＢＣ從業員才大量需求。

搞好香港的教育，實在需要有一個理性思辯的空間達成共識；人才之於香港，就是競爭力，也是未來生存的命脈。

註：戴希立，〈人才培育是教育的核心問題〉，《明報》2017年2月1日。

2017年2月14日

從科幻到科創：再談 STEM

一年多前曾在本欄撰文談及STEM教育（註）。當時特首施政報告內有一句提及STEM（其實那應是配合「雙創」策略（創新和創業）的一個項目）。之後作為呼應，教育局及課程發展處就推出不少與STEM相關的研討會。轉瞬間STEM在中小學層面變成了一個又新又熱的新氣象，而最為興奮的莫如一些教育專業團體和出版社。

STEM 的新姿態

回顧上世紀70年代本港民間團體曾合力製造了一波數理學科範疇的課程改革，現今的初中綜合科學科就是當年課改的遺產。（另一個留在筆者腦海中的就是「新數」，一個很抽象的學科。）其後的三數十年香港數理科成績表現優良，但踏入新世紀後，本地開始出現學生害怕課程艱深而退縮。加上學制與高中課程的改革，修讀傳統科學及數學選修單元的學生人數漸次減少。這現象早已為相關學科團體和一些教育專業組織感到憂慮；此間STEM以新姿態呈現出來，確是為這些學科團體提供了一個切入點，讓學科有機會再度發展起來。

對於出版社而言，任何課程改革或新教學法的出現，都是他們業務發展的機會。這些年來因移動學習興起和政府投入資源提升校舍無線網絡，彈出 STEM概念後，教科書及教材發展商人感到興奮自然是可以理解的。

不過STEM配上課程改革2.0核心概念「持續、深化、聚焦」，對於前線教師或當前的學生，似乎是口號多於一個具體的策略。拜傳媒的發掘和報道，坊間在近年來確是多了學生科研有成的新聞，例如，最新升空的神11內都帶了本港中學生設計的科學實驗升空、不少本地大專界的教授頻頻獲得國際或國家級科學獎項；從數量上計，本地學界科研和科技設計比賽亦比往年的倍增。但是否有有力的證據顯示，青少年對科學、數學、科技範疇的課程修讀興趣有所增加呢？仍是未知之數。

早前香港舉行了一個近十日的創科博覽會，會場展示了國家在過去五至十年間在科學研究和科技應用所取得的成就。主辦單位不諱言引入展覽就是為了提升青少年認識國家在這些方面的投入和成就，藉此啟發他們的學習興趣。十分認同這點，因為近年來數理學科吸引不到太多學生修讀的其中一個原因，是有些家長認為香港彈丸之地，科研和科技發展前途不明朗；並影響到學生的選擇。

再者是功利主義作祟，畢竟香港給人的印

STEM只是一個平台。但要成就創科，重中之重的就是提供機會讓創意播種和在有容許創意得以成長的土壤。（Pixabay）

象就是金融商業大都會。可是因為互聯網的發展，科研早已無界限，也乘上了全球化這艘巨輪了。倡議STEM的其中一個目標正好是針對這個傾斜的現況，期望通過數理科技研習而誘發青少年的好奇心和創意，並為未來開創新的商業天地。

在參觀博覽會見到深海潛航器、航天飛船、機械人、超級電腦等展品時，不禁想起凡爾納的《海底六萬里》、《星空奇遇記》的企業號、阿西莫夫的「機械人三大定律」和《星球大戰》的白兵、《太空漫遊2001》的HAL。這些東西的原型構想在過去幾十年來，以至百年前的科幻小說作品內已出現過，如今卻以實體出現並支持科學探索繼續向前行。

這些科幻作者所倚靠的就是創作力，從虛空中構思出這些可以實現的科幻情境。但科幻從來沒有在中小學課程內佔有席位。

要有創科成果非得有創新幼苗和適當鼓勵不可，高調推動 STEM 只是一個平台。但要成就創科，重中之重的就是提供機會讓創意播種和在有容許創意得以成長的土壤。

註：

1.〈重整「幹莖教育」的呼聲〉，灼見名家教評心事專欄，2015年2月26日。

2.〈STEM 教育與「雙創」〉，灼見名家教評心事專欄，2015年11月26日。

2016年10月27日

作者簡介

陳家偉，教育學士、工商管理碩士、中國文化碩士及哲學博士，專注生命教育、創意教育和中國文化。從事教育近30年，現任優才（楊殷有娣）書院小學部校長。在多份報章撰寫專欄文章，曾在香港電台普通話台主持多個節目，如《五星級父母》、《漢字的智慧》、《香港人放鬆點》及《一家一方程式》等。出版十本著作（其中兩本合著）。曾任課程發展議會委員、教育人員專業操守議會成員及教育評議會執委。在2016年香港第二屆「卓越教育行政人員獎勵計劃」獲獎。有感於香港教育以應試為主，缺乏品德培養，多年來推動生命教育，深信「以品帶學」，只要讓學生知道自己的使命，訂立較崇高的志向，孩子才會自策自勵，努力向上，自強不息。

令人快樂的 10種食品

5月29日是我校的20周年感恩晚會，晚會假座浸會大學舉行，學生們都會有機會上台表演各式各樣的活動，朗誦、合唱、話劇、才藝表演等，早上和下午都需要在現場綵排，而我並沒有綵排的份兒，所以早上不用到場。

因此我便有機會偷得浮生半日閒了。早幾天我已約好了好友Kelvin一起晨運，他是位資深的物理治療師，他可以一邊行，一邊教我一些拉筋的動作和修正我一些不良的站姿和走路姿勢。

他選了一條非常易走的路帶我試行。我們由荃灣西站出發，沿青山公路，經麗城花園、金麗花園，到汀九、11米半，至深井，然後到達青龍頭的麗豪花園，全程約有8公里。我們在7時45分出發，行了個多小時，便可在青龍頭吃一個早餐。簡簡單單，但也很輕鬆自在。

人要懂得善待自己

30多年前，我也曾和中學同學，從荃灣出發，沿青山公道跑至三聖邨，再折返荃灣，那要20多公里，接近半馬的距離，當年的路很窄，有點危險，現在路已修得很好，也覺安全；而且沿路更加景色怡人，可眺望青馬大橋和汀九橋，藍天白雲，大樹處處，確是新景勝舊時，我極力推薦大家試走走這段路。

認識了Kelvin，令我更關注人的身心靈的健康。21世紀現代都市人的生活都很緊張，壓力不少，但運動不足，許多人只是處於亞健康的狀況（意思是不能算是健康，只是尚未發病），但不處理改善，將會惡化，或所謂的積勞成疾，令自己五癆七傷而不自覺。

人要懂得善待自己，Kelvin根據註冊營養師羅曼詩（2015）的建議，列出了10大開心食物，包括多穀麵包、香蕉、合桃、蕃薯、紅燈籠椒、菠菜、三文魚、硬豆腐和麥皮。這10種食物都是我們日常經常可買到和吃到的，如早餐吃吃麵包和麥皮，簡單得很。午餐或晚餐，吃番茄炒蛋、三文魚頭豆腐湯也不難，菠蘿咕嚕肉，紅燈籠

十大開心食物包括：蕃茄、紅燈籠椒、菠菜、三文魚、豆腐、麵包、合桃、蕃薯、麥片、香蕉。(Shutterstock and Pixabay)

椒炒肉絲等，三餸一湯。當然，還可以在下午茶時吃些合桃和香蕉，如果有吃糖水的習慣也可以喝喝蕃薯糖水呢。要快樂開心可以很簡單，吃些開心食物，到戶外走走，吸吸新鮮的空氣，曬曬太陽，不妨也試試偷得浮生半日閒呢。

2017年6月16日

宗教自由行

筆者工作的學校很重視生命教育，近年來在小學六年級舉辦了不少較特別的活動，希望同學在六年小學的最後一年，開始探索自己的人生和未來的生活，雖然教育局近年力推的生涯規劃主要是針對中學生，但我們早在小學六年級已開始。雖然有些人認為早了一點，但我認為早點播種也有好處，因為立志宜早不宜遲，宜高不宜低。

立志宜早不宜遲

過去幾年，我們已安排六年級的同學參觀科大和中大，科大更破格為我們安排專人講解大學生的生活，參觀大學的設施和大學生的宿舍，希望同學們對大學的教育有所嚮往。

另外，我們每年也安排學校的家長到校分享他們的職業，他們有各類的專業人士，醫生、律師、工程師、建築師、社工及物理治療師等，也有香港的紀律部隊，如消防員、海關、入境處等，亦邀請一些學生較喜歡的職業如機艙服務員、產品設計師和科技產品開發研究員及臨床心理學家等，讓有不同能力、興趣的學生對他們將來的職業有所憧憬。

今年，生命教育組更進一步，籌辦了宗教自

生命教育組籌辦了宗教自由行的活動，讓學生自由參加，讓他們對信仰有初步的認識。（Pixabay）

由行的活動，讓學生自由參加，讓他們對信仰有初步的認識。我們選了天主教堂、清真寺和佛寺讓學生選擇去參觀並安排導賞員從旁介紹。5月份我們去了尖沙咀的清真寺和大埔的慈山寺，雖然參觀的學生不算踴躍，但也擴闊了視野，讓他們初步了解不同的宗教，澄清了一些迷思和誤解。

其實要安排這些參觀都要花不少時間去預約，學生能前往參觀是很難得的機會，我相信同學到了兩個地方參觀都很好奇，而且獲得了親身的觀察，對宗教加深了認知。

5月7日，我也有一起去參觀慈山寺，那裏有一尊70米高的觀音像，相信許多人能在不同地方都遠望到它，它也是世界最高最大的觀音像。慈山寺在2014年落成，據說建築費高達15億。那裏的建築群不算太大，但也有大雄寶殿、彌勒殿、地藏殿等，但環境一流，背山面海，建築群被綠油油的大樹包圍，可說是風水寶地。這寺院主要由李嘉誠先生斥資興建，不直接對外開放，要在網上預約，雖然如此，但也是值得前往的，不過奇怪的是，我們遇到的導賞人員是一位年紀不大的出家人，他用另類的介紹方法介紹不同的景點，雖然較為生活化和現代化，能博得一陣又一陣的笑聲，但我卻不太欣賞這種「幽默」，覺得說話過份通俗，有失佛教的莊嚴，也不符合出家人的身份。不過也許是我追不上時代，未懂欣賞他的入世和創意。

2017年6月2日

哈佛研究的20個快樂習慣

復活節期間筆者約了一些朋友聚舊，其中一位是陸家賢，他是個資深的物理治療師，認識他主要是陸先生和林孟平教授受到教育局的委託主辦身心減壓的課程，幾年前我去參加，之後和他們成了好朋友。近年，更和我們幾個志同道合的朋友成立了一個團隊，名為「快樂330」，意思是快樂的身心靈，目的就是希望為大眾提供一些活動如健體操、讀書會、分享會及音樂欣賞等去讓人減壓放鬆，有健康的身體、平安的心境和平衡的生活。

20個培養心靈快樂的好習慣

陸先生是個有心人，除了物理治療，還有輔導的訓練，而且對中西方的運動治療，自然療法、氣功等都有研究，目的都是要透過

身體、心理和靈性三方面全方位去治療受助人，減少他們身體的肌肉及關節的痛症，也希望增加他們的正向思維正能量，減少負面情緒，重獲愉快的生活、喜樂的人生。

他說根據哈佛大學的研究，有20個培養心靈快樂的好習慣，簡單易明，值得參考。

沉思冥想是保持心靈健康的方法之一。（Pixabay）

1. 感激生活　　　2. 謹慎交友

3. 體貼他人　　　4. 不斷學習

5. 解決問題　　　6. 做喜歡的事

7. 享受生活　　　8. 笑口常開

9. 學會寬恕　　　10. 心存感恩

11. 增強人際關係　12. 誠實守信

13. 沉思冥想　　　14. 專注自己的事

15. 樂觀心態　　　16. 無條件去愛

17. 永不言棄　　　18. 積極行動

19. 照顧自己　　　20. 充滿自信

其實，我們要健康和快樂並不太難，可從最簡單和基本的事情入手，那就是呼吸。平時人們沒有留意自己的呼吸，因為呼吸是由自主神經控制的。但如果我們學會有意識地呼吸或腹式呼吸，便可帶動心跳減慢，讓副交感神經活躍，提高含氧量，令人放鬆。

其次，要覺察自己的身體的姿勢是否正確正中，有沒有側彎或駝背。另外，肌肉和筋腱有沒有繃緊，如果關節太僵硬就要不時做些伸展和鬆弛動作，讓硬的肌筋變軟變鬆，長遠讓筋變長，許多痛症便會徹底消失。不過，拉筋是要有很

大的恒心的，需要每天的堅持。

另外，透過適當的運動和培養正向的情緒，都會讓大腦分泌「快樂的賀爾蒙」，如血清素和多巴胺，前者令人有愉快的心情，良好的記憶和專注力，後者令人有活力，感覺喜樂，做事較堅毅。至於運動，他建議多做肌肉伸展運動，平時也要注意站立的姿勢，保持脊椎骨格平衡。

除了慢跑外，他更建議「快步行」，這種步行的方法要求邁大步，速度較快，雙臂擺動較大，抬頭挺胸，也可以有效鍛練身體。其實飯後散步，或行走健身都是適合中年或較年長人士去做的運動，健步行不但運動四肢，也促進腸胃的活動和蠕動，幫助消化，促進身陳代謝。這種方法也是清朝時曾國藩建議的飯後8000步相似，現年85歲的藝人胡楓身壯力健，精靈生猛，活力充沛，精神奕奕，他的養生之道便是走走動動，不讓自己懶下來，筆者同意常常保持輕微的活動、偶然一兩次劇烈的運動習慣為佳。

2017年5月16日

作者簡介

彭智華，香港註冊教育心理學家，從事教育31年，擁有中外教育及教育心理學碩士學位，現為香港香港大學輔導碩士課程實習工作坊導師。同時，亦為香港小學學生輔導專業人員協會榮譽顧問、香港幼稚教育人員協會榮譽顧問。2005年成功研發《9S®全腦開發九攻略》，讓教師及家長更能為學童提供全方位的感官刺激，特別為有特殊學習需要的學童提供多元化的學習途徑，更能奠下良好的基礎。於2009年，《全腦開發九攻略》論文更獲第二屆中華婦幼健康大會評為優秀論文一等獎。

齊來反思科技革命

工業革命4.0在2011年在德國漢諾威工業展提出，在2013年由政府牽頭訂為國家重大政策，由聯邦教育及研究部，和聯邦經濟及科技部雙主導，提出的目標是生產全面聯網，智能製造；事實上，不論是工廠生產、交通狀況、教育資源、健康管理、銀行財經、緊急救災等，都因為大數據及感應系統，產生更大的價值及效能；到了現階段，不再是工商業需要留意，教育界更需研究及跟進。

其實，每次的工業革命都會為人類帶來一些衝擊或轉變，非常值得大家回顧過去三次工業革命對世界事物所產生的變化，教育界可以預視社會未來的變遷，分析未來生活及工作可能產生的影響，便可在學校課程作出最好的配合。

過去三次工業革命

第一次工業革命介乎1760至1840年期間，英國紡織業發明了飛梭到發明了蒸明機，標示了世界第一次工業革命，以機器取代了獸力及純人力工作任務的展開，發展大規模的工廠生產而取代個體工場手工生產。當蒸汽火車或汽船的出現，可以把貨物及人類運送至更遠的地方，城市化的生活明顯加速，影響了全英國、法國及美國。

第二次工業革命在1870至1914年期間，歐洲與北美一帶為首，還有亞洲的日本，新的技術如電力、內燃

面對即將來臨的工業革命4.0，我們必須做好心理準備。（Pixabay）

發動機、電報及無線電的通訊技術相繼出現，使人類的生產提升至更新及更高的水平，大家有了更優質但價格反而更便宜的材料。同時，很多新產品如電燈的發明，不只影響工廠的生產，更直接惠及市民大眾的生活，交通運輸的效能繼續改善，而城市化的生活不斷增加。

到了第三次工業革命，就在戰後至現代的期間，工業生產因位電腦技術的出現，使傳統工業更加機械化，特別是自動化的模式，從而減少了運作成本，所需要的勞動力繼續減少，使整個世界的運作模式徹底改變了；實際上，是更大更廣範圍的科技革命，不論是農業、工業或服務業，都要進入了電腦化的時代，由大銀行以至小商戶，從醫療衛生至日常教育都已全面迎接了電腦的輔助，大家已接受資訊科改善人類的生活形式，但純勞動性的職位進一步消失，但有關資訊科技及消閒娛樂的行業正在冒升。

第四次革命的心理準備

當德國在2013年提出了工業革命4.0，將我們身處第三次工業革命所帶來的資訊科技與未來更重視智能製造及智能生活系統分別出來，所謂工業革命4.0應該已全面擴展至科技革命才對；這次革命最核心的是智慧整合感控系統，第四次革命不只是指自動化，而是存在人工智能，自動識別或感應完成任務，不同行業或生活環節都有某程度智能化的要求；電話不再局限於日常通話，還講求多元化的網絡處理系統，可以遠距離遙控家居電器及日常事務，提高我們的生活素質，這次革命由現在延伸至將來，影響還未可完全預計。

智慧科技令我們的生活更加便利，同時亦可能帶來一些副作用；我們或許因為先進科技而變得懶惰，日常需要勞動的機會少了。有些痛病都是由於科技的出現而緊接其後地冒出，如頸椎受壓、腕管綜合症等。更明顯的就是上網成癮，若在生活上突然沒有這些智能工具，就會坐立不安。

革命一詞已反映是天翻地覆的事，今次的智能化革命，大家已進入物聯網與人聯網的年代，對工作及生活上的衝擊會比以上三次更嚴重，尤其對人類的心理健康有最大的考驗，大家可能容易失卻了自主的能力，成為了網中人。

或許，請大家推動科技教育的同時，必須同步推行足夠的心理訓練，情況有如香煙廣告，應該同時可是提醒大家有關的副作用，今日大家要變得比之前更需要有心理上的自控能力，時刻學懂分析及控制自己的生活流程，另外，我們亦要具備更高的學習能力，否則很快會被新科技淘汰，請做好心理準備，迎接科技革命的到來！

2016年11月16日

科技顛覆了教師尊嚴

究竟什麼是專業？它是指經過特別的教育或訓練才能從事的職業。從前的病人沒有相對的知識及能力去詢問醫生自己的狀況。醫生說出的判斷，病人沒有能力說出任何異議；教師也是一個專業，擁有較多知識及經驗，家長及學生都需要尊重他們；政府更因為集合眾多的資訊，而能夠有效頒布具影響力的指令，市民多是願意跟從的。

傳統專業重界定

可是，全世界的普及教育，以及傳媒資訊科技革新下，市民獲取知識的機會比以前多，搜羅資訊的速度與任何專業人士近乎相同；面對政府的行政指令，市民會勇於站起來追求自己的人權及自由。就算連醫生這個專業界別的人士，市民都會負起一個監察的角色，判斷他們是否有做錯事。若有的話，便會結合網絡的力量一起作出批評及聲討。

同樣地，教育的專業性沒有以前那麼明顯。老師再也不能要求家長及學生絕對服從，因為教師已不再是學生知識的主要來源，家長對教育的認識與教師可能不相伯仲。因此對於學生的學業及行為等問題，家長及老師可能會各持己見、不要說互相配合，有時更會因為價值觀不同而產生衝突。

近年，老師責罵學生而被迫道歉或辭職的事屢見不鮮。數年前，台灣有一名訓導主任在學校操場指責一名學生遲到。及後，學生覺得心靈受創，於是控告該主任。最後，這名主任被判公然侮辱罪判拘役40天。當年這則新聞一出，台灣的教育界議論紛紛，討論為何一個老師責罰學生最後都要被判刑，擔心會開了先河，影響老師的地位。

面對網絡知識的普及化及人工智能的出現，傳統教師的功能及角色已被顛覆了，大家可能不再需要等待教師的教導，便可以在網絡世界查看資料，而所獲得的訊息可能從教師身上所得的更多，因此教師的重要性被網絡世界的資訊比下去，無形中衝擊尊師重道的心理及實際需要。事實上，教師有時也需要倚賴網絡的資訊才能備課，學生或會認為不需要那麼尊師重道。

更何況現在的年輕人，相對於長輩或教師，更容易及更懂得掌握資訊科及網絡世界的學習方式，有時成年人反過來要求助他們，才能有效地使用現今的新穎的通訊及學習模式。因此，他們有如軍隊中的生力軍，雖然人生經驗不足，但他們是新的「空軍」隊伍，有時看不起很資深的「陸軍」部隊，因為他們的「制空權」明顯有

這個社會不會因為網絡世界及科技的普及而淘汰老師，皆因老師的責任是不能被取代的。（Shutterstock）

優勢，養成看不起上一代或已擁有權力的人士，這可能是他們心理發展的正常反應──學生們渴望自由民主，而教師試圖使用傳統的強硬的教學方式，似乎已沒有用武之地。

增值自己再出發

因此，教師要做的，不是跟家長或學生硬拼，而是需要盡快調整好自己的心態及價值觀；教師必須要明白，這不再是一個以知識去說服學生的年代。無論老師的知識再豐富，網絡世界的知識一定會超越你一人。那麼，是否所有老師都可以被網絡世界取締呢？非也！

雖然教師的專業性比以前下跌，可是，教師的責任從來沒有改變。這個社會不會因為網絡世界及科技的普及而淘汰老師，皆因老師的責任是不能被取代的。可是，老師們必須要不斷增值，跟上這個世界的轉變，才能爭取學生的尊重。

韓愈《師說》中，有一句說出教師最重要的責任：「師者，所以傳道授業解惑也」，點出老師除了教授知識外，另外一個重要的目的是要為學生培養正確的價值觀及世界觀，為他們進行思想教育，培養其人格及品德。這個「傳道」正正是老師的可貴之處。

因此，老師、家長及學生的地位在轉變的時候，可以多增值一下自己，比年輕人更明世界將會怎樣改變。例如，請修讀一些應用心理學的知識及技巧，透視轉變的正負面影響，了解自己及別人的心理變化，配合以往教學的經驗，讓學生們願意打從心底中聽從於自己，從而教導其正確的待人處事態度。

曾燕紅就是一個非常好的例子，她既是一位女教師，亦是本港首位女性成功登珠穆朗瑪峰。為了鼓勵沒有人生目標的學生去追尋自己夢想，許下了要登上珠穆朗瑪峰的承諾。過程中，雖然有不少阻礙，但是堅定的決心令她成功登頂，真正做到身教的目標。她以往的學生都視她為榜樣，甚至重拾他們從前已忘記的夢想。這也是老師最偉大的地方──以生命影響生命。

2017年9月13日

應否重啟體罰政策?

近日有不少老師或家長反映，指現在的學生愈來愈不守規矩，甚至視成人的指令如無物。老師及家長回想自己成長的階段，長輩很多時候均以體罰懲處小孩，而當時抑制不良行為的效果甚佳，社會又非常認同。

體罰的副作用

反觀現今社會也許太縱容下一代，因而萌生重啟應用體罰的念頭。在老師的眼中，社會的風氣因為取消了體罰，而制度的阻嚇作用亦隨之變得愈來愈低，讓現今的小孩變得肆無忌憚，愈來愈放縱，因此，「治亂世」需要用重典，達到更有效率的懲罰方式，而根據他們成長的經歷，體罰就是最有阻嚇性的方式。

其實很多時候家長體罰學生，出發點只是想打好、打乖、打動或打醒子女。這個好的出發點，偶然或會帶來家長想要的結果，但當中充斥着各種不穩定性，因此並不適合作為合理手段使用。

舉個例子，某些人的觀念中，小孩只要丟下海就能慢慢學會游泳了，但事實上根據專家的經驗，100個人之中大約只有5個人能透過這個方式學會游泳，而剩下的95人卻會從此恐水或溺斃；由此可見，因少數人的成功而推論其他人都能仿效並不實際，而相同的道理亦能套用

到體罰上。以體罰懲戒小孩，表面上效果立竿見影，但事實上並沒有達到鼓勵小孩自律的目的，反之只是推崇他律。

情況就如同使用殺蟲水滅蟲，即使用殺蟲水消滅我們肉眼可見的害蟲，但如果不想辦法同時消滅躲藏在暗角的害蟲，害蟲很快又會繼續繁殖。同樣地，如果我們只顧以體罰強硬處理孩子的頑劣行為，並因表徵消失而忽視孩子行為背後的原因，反而錯失找尋並從問題根源杜絕行為再次出現的機會。

更甚的是，體罰一般伴隨大量的副作用，例如親子關係變差，子女出現情緒問題，甚至有些孩子會模仿並因而染上濫用武力解決問題的陋習。處理惡果而沒有處理惡因，惡果必定繼續滋長，以體罰抑制問題不但難以直擊問題核心，更帶來種種副作用。

隨着現今文明的進步，社會亦愈來愈注重法律體制而非強權高壓統治。不論從宏觀的社會角度，乃至學校、工作崗位、甚至家庭，往往更重視文明律法及會議討論。在社會層面，世界上絕大部分國家均以議會或立法會的形式審議條文草案，王權或獨裁主義已難以生存。

在學校層面，班長、班代表乃至學生會內閣等均以選舉形式產生。在工作層面，關

家長和老師讓孩子學會自律的重要性，在成長路上茁壯成長。 （Pixabay）

乎公司的重大決定均須依會議形式通過，以理由折服大眾，而非力大者勝。換言之，以武力折服對手的方式在現今社會已經不管用，但偏偏體罰背後所帶出的訊息，正正是以武力折服孩子的不良行為。長久下去，只會為孩子帶來錯誤的觀念，以為以武力折服對方是可行的行為。同時，以體罰處罰孩子亦直接減少他們因道理上理虧而認錯道歉的機會，令他們缺乏孕育智慧的機會，苦思哲理的空間。

除了上述問題，體罰亦會為孩子帶來心理陰影。當孩子因犯錯而受到家長以體罰懲處，必然會感到痛楚，並從而產生恐懼。當下次他們又想做出不良行為時，就會因恐懼而抑制自己再犯的衝動。但想深一層，到底孩子是因知道事情是不對或有害的而不再犯，還是只是因為單純恐懼被打而不再犯？

以此引伸，以體罰懲處小孩，很多時候他們根本不知道自己犯錯又或是哪個環節犯錯，只是純粹因為害怕被父母體罰而壓制自己的衝動，這樣不但不能夠真正讓孩子自律反省自己的不足之處，更有可能因而讓孩子的心理蒙上陰影，得不償失。

專家尋求更好的教育方法

世界各地有很多專家均正努力研究及找尋各種教育孩子的方法，好讓家長可以避免使用孩子作為摸索教學策略的實驗品。要教好孩子並不能一味懲處，而是必須要明白孩子的特性，並對症下藥，從問題的根源瓦解孩子的不良行為。當然，不體罰並不代表不懲罰，但要真正讓孩子從錯誤中成長，家長必須使用能令小孩反省及擁有教育意味的懲罰。只有這樣，才能避免孩子重度覆轍，並學會自律的重要性，在成長路上一步一步茁壯成長。

2017年12月1日

作者簡介

邱國光，英國布理斯托大學教育學博士、香港浸會大學文學碩士（語言研究）、英國倫敦大學榮譽文學士（歷史）、香港傑出教師。現為仁文教育首席顧問，積極推廣「全球本土」教育，致力培育具本土情懷、世界視野的世界公民。亦為中華歷史文化獎勵基金總幹事、同心教育基金會（香港）學術顧問，灼見名家專欄作家及香港東坡詩社副會長。研究興趣包括教育政策及管理、香港教育史、語言規劃、英語教學等。最近著作及編著作品包括：《香港青年政策何去何從》、《人間天堂──毛里求斯服務研習之旅》、《風采心‧情‧志──風采十五周年的故事》、同心一生一師系列《廣西越南篇》、《校長也上課》等書。

望子成龍？
五四談孩子志氣

希望孩子出類拔萃，成為傑出人物，相信是不少父母的期望。但社會競爭愈趨激烈，起跑線愈來愈早，想孩子脫穎而出，成為人中之龍談何容易？為針對父母望子成龍的心態，於是產生了眾多不同型態的培訓課程。但培訓歸培訓，孩子成龍或成蟲端賴眾多因緣和合，不能強求。

孩子是人家的乖

彼方說你的孩子在學習方面經常名列前茅，是學霸；音樂、運動、藝術也是隨學隨懂；既懂事又識性。孩子有這樣的天賦真是萬中無一，自然不需讓父母操心。但這類智商、情商兼具高水平的孩子是稀有動物，世上難求也。我們大部分的孩子學習上都是「牽牛上樹」，音體美等課外活動也是點到即止，雖未必半途而廢，但甚少能堅持，更少能培養成終生興趣。至於學習以外的自理能力，待人接物行為亦令家長頭疼不已。

總之，自家孩子總是缺點多多！俗語所謂「老婆是人家的好」，孩子自然是人家的乖，這當然不是事實的陳述，只是家長出於無奈的一種心理條件反射。外在的培育方法看似困難重重，且沒有一定的把握；失諸外而求諸內，何不把重點放在孩子的內在價值？本文面世應是

五四運動漫延全國主要城市，迫使高官罷官。（Wikimedia commons）

5月4日，五四談志氣也是一個應景的題目吧。

志氣，成功的標靶

發生在1919年5月4日的五四運動距今已有98年。一段塵封的往事，在事事講求效率、利益掛帥的商業社會，注意的人估計不會太多。誰不知這正是一個上佳時機，提供學習材料，提升孩子的內在價值。

五四運動是一場學生運動，其波瀾之壯大，規模之鉅，影響之深，在中國學生運動史上可算絕無僅有。中國在中華民國1912年成立以前是君主專制社會，學生（古代稱儒生、士子）手無寸鐵，竟敢疵議朝政，甚至作出激烈行動，真的不可思議，勇氣可嘉。所以，中國信史雖有三千年，所謂學生運動真的寥寥可數。較著名的有發生在東漢時的太學生運動、明朝東林書院的東林士子運動、清末時，康有為的「公車上書」運動，以至現代1989年六四民運。

這幾個學生運動都是慘澹收場，主事者輕則身陷囹圄，重則流亡海外乃至犧牲性命。唯獨五四運動，短短一年，先是北京，繼而上海，以致漫延全國主要城市，透過罷課、請願、遊行、罷市、罷工等手段竟迫使被指出賣國家利益的高官交通總長曹汝霖、幣制局總裁陸宗輿、駐日公使章宗祥等罷官；更間接令大總統徐世昌辭職，中國代表最終拒絕在巴黎和會中簽約！

如此成就，得來不易！單憑匹夫之勇可以

嗎？五四運動之所以能產生符合當代人民期望之部分結果，不是策略得宜，亦不是擁有優良武器，更無外國勢力的介入，而是學生的勇敢、大無畏精神，感染了全國人民！此勇絕非一般孔武有力之義，而是源自內在價值的超升，對生命正面意義追求的一種行動投射。簡言之，是一群有志氣的年輕人群策群力，為理想而赴湯蹈火的結果。

有志氣者，全世界也會為你開路

那末，何謂志氣？按中國古代字書《說文解字》解釋，志者，意也。從心之聲。志，用現代詞語來說，即意志；氣則是從物理上的氣體引伸至人的精神狀態，志氣可理解「為決定達到某種目的而產生的心理狀態」。但這種決定必須是「從心之聲」，即受制於心。

古代儒家的心是道德的根源、是生命的主體。明朝大儒王陽明主張「知行合一」，意謂人能擴展內心故有的分辨是非之本能，即會產生趨善避惡的意志與行動；先是人心的改變，進而是社會的改善。由此觀之，志氣者，乃指意志堅決和有高尚節操的人。

「有志者，事竟成」，這是中國古代的金句。用現代說法是：人若有志氣，全世界的人也會為你而開路。這絕不是文學誇張修辭用語，而是有因有由。人若有志氣，目標必然清晰，態度自會認真，行為亦會積極；前路縱使艱辛，屢遭挫折，唯心仍是堅定的，也不輕言放棄。如此，種種困難自必迎刃而解，或是正面的得力於有心人的扶助，或是反面己心的放棄執着而變得釋然。

相近科學的說法是，人樂觀、積極，高情緒智商，自然能產生正能量，不只把自己的磁場變得更好，更能對他人的磁場有所牽引。結果是你所交往的朋友，都是善知識、大好人；你所碰的事情，都是如意、順利，如此何事不可成！所以，長養孩子志氣才是教育的精粹。際此五四，為人父母者宜把握時機，在網上「谷歌」一番、「百度一下」五四英雄歷史人物，如何拋頭顱、灑熱血，為國家、為民族而奮鬥；如何為一己生命賦上更深一層的意義！

2017年5月4日

幼兒教育不教什麼？

題目看似古怪，不合常理。各級課程教什麼，自然應該討論，也比較容易討論；但不教什麼，似不着邊際，亦不知如何下手。事緣過往半年因工作關係，經常接觸幼兒教育工作人員，有香港的，也有內地的。閒談間，由硬件、

配套、教材以至師資培訓、課程……無所不談。無獨有偶，兩地的老師和管理層，不知為何均提出在幼兒階段不應教什麼這個有趣命題。筆者在灼見名家的專欄分別在2017年6月20日及2017年7月6日，對內地幼兒教育的發展提出了一些看法，本文把香港也拉進去，嘗試從一個有趣的角度再論幼兒教育。

不教電腦！

香港每年都有幼稚園、幼兒院倒閉，箇中原因複雜，惟不在本文探討之列。但所謂「有人辭官歸故里，有人漏夜趕科場」，有人離場，並不表示沒人願意進場。最近，與幾位有意「進場」人士，「腦震蕩」如何在幼兒教育奇軍突起，攻佔市場。在座有人忽發奇想：不教電腦。眾人呆了數秒，七嘴八舌，立刻激活了沉悶的氣氛。

有說此奇想與現今社會的大方向脫節，STEM全城炒得熱哄哄，父母均想贏在起跑線，學習電腦操作、資訊科技知識，當然愈早愈好；而且利用資訊科技學習其他科目，如中文、數學，也可提升學生學習興趣，也切合兒童天生好奇的本能。

在座的前線老師卻不以為然，說自從幼稚園有了電腦課及利資訊科技教學後，學生未見其利、先見其害。一則，學生愈來愈沒興趣看書，專注力也愈來愈弱，耐性愈來愈不足；再則，愈來愈

多家長投訴，孩子沉迷玩手機，父母屢勸不聽，親子關係由之而破壞，追源溯本，幼稚園就不應讓小孩接觸電腦……

是耶？非耶？真是天曉得。教？或不教？暫且擱下，再看看另一個「不該教」的爭論，回頭再作總結。

不教英語？

心水清的讀者一看題目，已可猜想這應不會是香港的情況。對！問題是出自內地一所幼兒園園長之口。於語言地位而言，香港社會普遍重英輕中，九七回歸後，英語優越地位絲毫沒有動搖。普通話的加入，對廣東話的影響遠大於英語。香港教育制度自幼兒階段已開始教授英語，國際幼稚園如是，英文幼稚園如是，受政府資助的非牟利幼稚園亦如是。幼稚園不只教英語，且把英語教授提升至第二語言習得地位（Second Language Acquisition），已非如西班牙語、法語等外語般學習了。

內地情況又如何？

英語在內地的發展，已經超過150年了。1860年代，清政府實施洋務運動，期以西方的科技救國，即所謂「師夷之長技以制夷」。1862年京師設立同文館，開始培育英語人才。但英語作為一門外語，在內地的應用情況不如香港般廣泛，百多年的發展也是跌宕起伏。文革時，懂英語，

應否在幼兒階段就學習電腦，引起爭論。（Pixabay）

説英語，是「通番賣國」的行為，輕則身陷囹圄，重則性命不保。1977年恢復高考後，英語卻受全民追捧。官方新華社在2007年有一個統計，估計全中國有3億人正在學習英語，而在各級學校學習的也有1億人。唯有趣的是，瘋狂學習與水平提升，兩者似乎沒有一個正比關係。權威語言學專家David Crystal曾估計在中國能説英語的人口應不足10%。

中國政府非常關注人民對英語的不理性追求。早於1999年，教育部決定從2001年9月起逐步以小學三年級為起點推進英語課程，即小學一、二年級不會教授英語。當然，這情況只限於公營學校，其餘國際學校及民辦學校，小學一、二年級也設英語課的。甚至乎有省市公營學校，在校內另立國際部，容許小一、小二生上英語課。

小一、小二沒有英語課並不代表幼兒園不開授英語。一則，幼兒教育在內地不屬於義務教育範圍，政府對課程的規管沒有那麼嚴格；另外，目前為止，仍沒有相關的中央政策配合，各省市仍有空間按實際情況執行。極端的例子，如北京市教委就在2015年發出將嚴查幼稚園上英語、拼音課的指令。

返回上文討論，為什麼該幼兒園園長與筆者討論教不教英語的話題呢？該幼兒園雖位處四、五線城市，為公營幼兒園，但校園偌大，老師多為專科畢業，差不多全為合格幼師，設備亦不比沿海省市一級幼兒園遜色。條件這樣好的學校，理應甚受家長青睞，惟家長始終把它放在第二位。理由是市內還有一所私營的國際幼兒園。此園園長能説流利英語，這在國內真不多見。園內還有「一個半」外籍老師——

一位來自南非的白人及一位能說一點點普通話的外籍華人ABC（American Born Chinese）。公營幼兒園園長深深明白缺乏英語教學是該園的最大致命傷，但市政府不允許，她也無奈……

幼兒園、幼稚園教不教電腦；用不用資訊科技輔助教學；設立英語教學與否不純粹是教育問題，也須因應實際情況。教育從來不可離地。

教育不可離地！

教育要兼顧情景，即所謂oontext。理論只可作為指導原則，學生的能力、家長的經濟條件、地方資源的運力、中央政策的配合等，全都應通盤考慮。教不教電腦、學不學英語也作如是思考，孔子說：因材施教，就是一個最佳註腳。

學習電腦、資訊科技教學當然好處多多，唯學校不教，並不代表學生不能學。香港已是一個後現代化發展城市，追求現代化的成果已非一個最重要的社會目標；反而人生正面價值、生命超升，開發有意義的人生等反樸歸真的命題才應是現階段教育目標所在。

內地情況則完全不一樣。中國絕大部分城鄉仍處於現代化階段，資訊科技與現代化是雙生兒；資訊科技應用能力的高低與前途「錢途」成正比。所以愈是經濟能力弱的城鄉，愈須大力加強電腦學習，愈須利用資訊科技輔助不同形式的學習。

幼兒英語教學也應切合實際情況。香港是一個國際化大都會，英語仍是有非常高的市場價值。在香港，幼兒英語絕對不是一個教不教的問題，而是怎樣教、怎樣學的效能問題。內地情況亦是不一。師資、能力、地方資源一定要充分考慮才可輕言上馬。老師彆扭的英語、貧乏的英語知識，在這背景下，學生學習英語只會適得其反。仍是那句，教育絕不可離地！

2017年9月8日

家庭才是培育孩子的溫床

近幾年，香港各方面的發展似乎走進了低谷。人在低處，縱是藍天白雲，也難細意欣賞；情緒低落、煩躁易怒，總想找人出一口氣，在中醫角度，其實這些都是肝氣鬱結的病徵。唯心病還需心藥醫，在成長教育角度，人碰上逆境是自然不過之事，引導孩子如何在逆境中求存，才是老師應有的職責。

鑑古真能知今嗎？

本於此，過往兩個月，筆者連續寫了幾篇關於古代青少年成才的故事，目的希望借助

良好的家庭教育可以培育孩子成才，反之亦然。（Pixabay）

這幾個個案，能帶給現代青少年一些啟示。唯必須注意歷史永不可能重演，所謂「以史為鑑」當然不是狹義的説已發生的事情能像電影般重現眼前，我們要從廣義看這個啟示。類同的背景、近似的情節，為何人家可以扭轉形勢？可以闖出名聲？關鍵在於我們能否看清楚自己、瞭解自己的長處、短處；強項、弱項；瞭解可能、同時也應瞭解不可能。所以古代發生的事情是一方面是人類經驗的累積，另一方面，我們可透過前人走過的足跡，瞭解自己，觀照自己。「鑑古知今」的真義即在此。那末，前述幾位古代青少年的個案可給現代孩子、家長與及教育工作者甚麼啟示？

追求理想 跳出安全圈

這幾個故事中，厲歸真與宋濂出身類同，沒有顯赫家庭背景，均是來自老百姓階層。

厲歸真生平史料不多，但從他需賣畫為生，可知並不是生於官宦之家（厲歸真故事見2017年09月22日灼見名家專欄）；宋濂祖上雖有不少鴻儒，唯至父親時應已家道中落，致有出身貧寒的記載（宋濂故事見2017年10月12日灼見名家專欄）。兩人其後成就非凡，前者為有名大畫家，後者有「明代開國文臣之首」的美譽，官至翰林院學士。兩人成功非僥倖，厲歸真在虎穴搭棚觀虎習畫，險成為老虎點心；宋濂雪中尋師，弄致四肢僵硬不能動彈，兩人為着理想而甘願冒險，決心、毅力、勇氣，一樣也不能少！

香港孩子有理想的不少，但説的多，做的少，鮮有人能把理想化作實際的行動。關鍵在於不肯或不敢踏出第一步。香港社會富裕，絕對貧窮（每天收入低於1.25美元）的家庭絕無僅有，孩子在舒適的環境

長大，只是溫室的花朵，要變成寒風中的野花必須經過歷練。現今世代的學生，需要的是歷奇為本輔導課ABC（Adventure-based Counseling）programmes；外展訓練課（Outward Bound training）；遠足、露營……一切能培育孩子抗逆能力的活動、課程都應獲得鼓勵。人要成長，乃至成就一己理想，跑出安全圈（comfort zone），進入冒險圈（stretch zone）是關鍵的第一步。

良好家庭 教育的重要性

古代青少年個案還有甘羅及康熙，他們兩人的出身與厲歸真及宋濂相較，有天淵之別。甘羅為丞相之後，康熙更不用説，是太子，用現代説話，兩人均來自國家領導人背景的家庭。這兩位富二代雖含着金鎖匙出世，唯勤奮並不遜於一般老百姓。他倆的卓越成就，良好的家庭教育應記首功。甘羅12歲拜相，擅於外交詞令，皆源於祖父甘茂觀察到甘羅有過人之天資時，已刻意對他栽培，引導甘羅如何把知識活學活用（〈神童也要讀書！論甘羅拜相〉2017年10月27日筆者專欄。灼見名家教評心事專欄）；康熙學貫中西，好學精神為後世史家所稱頌，追本溯源乃祖母孝莊皇太后的精心培育，使康熙自少即養成手不釋卷的習慣（〈好學皇帝〉2017年11月8日筆者專欄）

家庭是孩子成長最重要的地方，家庭若出亂子，首當其衝的一定是孩子。良好的家庭教育可以培育孩子成才，反之亦然。怎樣才是好的家庭教育？甘茂對甘羅的培育是發揮其潛能，當中包括觀察、嘗試、引導等。現代家庭多的是兼職父母，把養育、教導孩子的責任交給傭工、祖父母、學校、甚至補習社，每天只是「玩孩子」，非「帶孩子」，藉口是忙碌，實際是不肯負責任。這也難怪，培育孩子要用心力，現代人樣樣計算，能培育一個李超人、阿里巴巴自然是好；否則，用幾百萬培育一個庸碌之輩，又怎能符合成本效益。這是社會風氣，不是一己之力可以改變，移風易俗，需要幾代人的共同努力。

當務之急，學校要把家庭教育提上日程。不是説家庭教育是政府重中之重的政策嗎？2007年還成立了家庭議會，宗旨是「通過議會提供一個跨界別、跨政策局的平台，共同研究和處理與家庭有關的問題，給予高層次的指引和意見，以及促進有效協調和合作，以發揮協同效應」。説得很清楚，家庭議會的工作是「給予高層次的指引和意見」，具體工作還待別的部門參與。學校若然認同家庭教育對孩子的成長非常重要，就應果敢的挑起家庭教育的擔子，參與具體的家庭教育工作。這擔子自然不輕鬆，但教育從來就不是輕鬆工作，可幸，這也不是一項孤獨的工作，社會上總有有能力、有心之士，乃至團體。

2017年11月28日

作者簡介

朱啟榮，香港大學教育博士，多
間幼稚園、小學、中學校董，現
任中華基督教會協和書院校長，
曾任多間中學校長、副校長。曾
任津貼中學議會執行委員、黃大
仙區中學校長會副主席、香港中
學校長會執行委員及屯門區中學
校長會秘書；並擔任香港大學、香
港中文大學及香港浸會大學兼任講
師。曾帶領中華基督教會協和書院
在2013、2014及2015年獲得香港
最受推崇知識型機構大獎（Hong
Kong Most Admired Knowledge
Enterprise〔MAKE〕Award），
為第一所本港獲此殊榮的中
學，2014年度更獲全港首名得獎
機構及榮獲亞洲最受推崇知識型
機構大獎。

校長領導與
知識領導

每天，校長面對校內與校外各式各樣的問題和需
求，當處理某些要求時，又會帶來另方面的問
題。這十多年間，香港推行教育改革如火如荼，
令校長面對的挑戰更為嚴峻。

帶領學校走出傳統的框框

今天，中、小學校長不僅需要管理學校的工作，
還要與時並進，帶領教師重新思考學校教育的目
的，並從現今學校的慣例中變革，以迎接社會的
轉變。全球化經濟加劇勞動力競爭，迫使畢業生
進入更大且競爭更加激烈的市場。現今社會期望
學校領導對所有這些社會轉變所帶來的壓力作
出適時的回應。作為21世紀的教育工作者，尤
其是校長，我們應該嘗試帶領學校走出傳統的框
框，開闢新的路徑及方向。

校長作為學校的主要負責人，可以對學校各層面
的發展產生重大影響。Hallinger和Heck（2010）
回顧大量的實證研究，發現成功的學校領導能
為學校創造條件，令教師的教學和學生的學習
更有效進行，並能替學校建立專業學習和變革
的能力(Fullan, 2001; Hallinger, Bickman and
Davis 1996; Hallinger and Heck 1996;
Heck, Larson和Marcoulides 1990; Leithwood
等，2010; Marks and Printy 2003; Mulford and

校長對於學生學習的成效影響以間接為主。（Shutterstock）

Silins 2009; Robinson, Lloyd和Rowe 2008; Wiley 2001）。這20年來，學術界越來越多的研究探索學校領導的來源、手法及不同的領導方法如何影響學校的表現（Gronn 2002; Leithwood et al, 2009; Ogawa and Bossert 1995）。

學校成功取決於校長

Kurland, H., Peretz, H., & Hertz-Lazarowitz, R.（2010）指出，學校取得成功根本取決於校長，因為校長是學校主要負責人，專責監察教師教學和學生學習的成效（Dinham, 2005; Fullan, 2002; Sergiovanni, 2001）。校長作為學校領導會為學校教師設定方向，確保教師的專業發展，鼓勵教師間彼此分享學習以提升個人的教學效能，從而影響學

生學習的成效（Leithwood和Riehl, 2003; Hallinger, 2003; Bell et al, 2003; Voulalas和Sharpe, 2005）。Kurland等人（2010）認為校長對於學生學習的成效影響以間接為主。僅僅從20世紀60年代開始，學者開始明確地研究校長領導對改善教學質量的影響（Bossert等人, 1982; Hallinger和Heck, 1996）。Kurland等人（2010）主張，校長領導對改善教學素質的影響可能是透過校長賦予教師一種目標感（a sense of purpose），從而使教師團結一起，繼而進一步推動教師實現其個人最深切的願望，並達成雄心勃勃的目標（Leithwood和Riehl, 2003）。Hallinger和Heck（2010）進一步指出，雖然學校領導作為學校改進的催化劑，但領導力的性質及其影響都是由學校的歷史和現狀而定。學校的學術架構（例如課程指引、教師團隊合作）、學校規範（例如對學生和教師的實際支持，專業學習，公開溝通文化）及持續的組織發展歷程（例如參與決策的機會、資源分配、校外政策對校政的影響）為學校領導創造機會和制約因素（Bridges, 1977）。學校改進的有效領導者必須對這些背景特徵作出恰當的回應。

Hallinger和Heck（2010）認為，沒有一種單一的領導方式可以幫助所有學校成功變革。領導風格和策略是否有效要視乎學校實際情境。校長必須掌握學校的學業表現及學習成果的「初始狀態」，

以及隨着時間的推移發展（或衰退），校長亦須就這些條件的變化去作出回應。Hallinger和Heck（2010）指出，學校的文化或教育改革能力應被視為改革干預措施的重要目標之一，同時加強領導力度。事實上，領導力和學校改善能力是一系列系統關係的一部分。校長必須兼顧學校各式各樣的不同需要才能替學校帶來持續改善。Hallinger和Heck（2010）指出，校長必須推展參與式領導collaborative leadership，而不是校長單獨擔任主管領導，才能開展更可持續的學校改進道路。學校改進過程中應更廣泛的包括不同的領導者，以擴大學校的改進能力（Caldwell, 1998）。校長如需為學校推行改進，其中一條路徑就是推行知識管理。

校長的策略

現實地說，校長已不再是學校的知識來源，如需推行知識管理，校長需要有適當的策略。正如筆者在以往發表的文章提及學校裏最珍貴的，不是其硬件、校舍和設備，而是學校裏所蘊藏的知識。這裏所談及的知識不只是指學生在課堂或課本所獲得的知識，亦包括教師在學校工作過程中所獲得的知識。學校知識管理的重點之一是要將教師的內隱知識轉換為外顯知識，因為只有將知識外顯化，才能透過資訊科技儲存於資料庫中，並經過適當地分類、儲存後，有助於知識的分享與再利用。因

此，學校如何整理教師內隱知識，並轉化為外顯的組織知識，再透過知識分享傳遞給校內的其他教師，就是知識管理的關鍵成功因素。此外，學校應提供平台讓教師分享在學校工作過程中所獲得的知識，讓知識能自由順暢地流動，讓需要知識的成員可以方便地獲取對他們有用的知識。其實，教師在學校工作過程中正肩負著知識工作者（knowledge worker）的任務。Bukowitz和Williams（1999）指出在像學校這樣的知識密集型組織中，校長已經不再是唯一的知識來源。校長如需推行知識管理，應嘗試塑造自己在學校的位置不再位於學校組織架構的頂端而是在學校組織架構的中心，即是說校長應盡量置自己於學校組織架構的中心，以便收集學校組織架構中各層面、各階層的資訊，有利促進學校組織內的知識交流。另一方面，校長作為知識領導者需要具備能力及把握機會，發掘組織中有潛在價值用途的知識。教師在學校工作過程中正正需要經常運用其個人已有的或學習需用的工作知識作個人的專業判斷（decision making），這種知識不只是「知道什麼」（know-what）而是「知道怎樣」（know-how），這是一種應付日常工作（包括教學工作、關顧學生工作、家長工作及籌辦活動工作等等）上所需要的經驗、知識及技巧。學校可以收集（collect）、分享（share）及發放（disseminate）教師在學校工作過程中所需要的知識（Petrides & Nodine,

2003）。學校亦宜多提供機會讓擁有相關知識的教師與其他教師相互分享一些有創意且效果良好的做法（sharing of innovative and good practice），以減少工作上重複缺失並盡量延緩知識的流失（avoiding duplication and discouraging the loss of valuable knowledge）（Thambi and O'Toole, 2012, 91）。學校也需建立有效的知識分享與管理機制，以求促進教師的知識能夠持續增長。

在學校中實踐知識管理顯然已是知識經濟時代中學校的重要任務之一。企管學大師德魯克（Peter Drucker, 2002）認為，在知識型組織中實現領導的唯一途徑是「多與組織中具有某方面專業知識的專家交流；認識他們並為他們所認識；指導他們及聆聽他們；在適當情況下挑戰和鼓勵他們向更高的目標發展」。由此可見，校長必須從提供知識轉移到促進教師之間的知識共享和獲取。例如校長應該多花時間與老師溝通交往，彼此了解；聆聽他們及了解他們的需要，指導和引導老師，並在適當情況下挑戰老師朝向更高的目標發展，鼓勵他們在日常教學生活中大膽創新，並多與同儕分享，共享知識，一同成長。

2017年5月26日

企業發展策略 鼓勵知識共享

知識管理是一項對企業在現今競爭激烈的經濟型社會中十分重要的發展策略，重視它獲取、分享、轉移、儲存、提取及再創造知識，並整合知識，以幫助企業減低危機出現的風險、改進效率和效能以及優化創新產品的過程，並以持續改進企業為根本目標。知識管理注重對知識作為戰略資源的管理，鼓勵分享知識，是企業發展不可或缺的一種好方法。

知識共享（knowledge sharing）是知識管理中的一項十分重要之關鍵活動。知識共享是指一個個體將自己的知識(例如專業知識、洞察力或以隱性或顯性知識)傳遞給接受者的過程（Grant,1996）。知識共享已獲公認為其中一項能有效提高個人和機構績效和創新能力的途徑(例如Haas和Hansen, 2007; Fukugawa, 2006)。因此，學者已經進行大量研究，以了解怎樣可以促進知識共享(Szulanski, 2000; Bock等, 2005)以及如何減少知識囤積（knowledge hoarding）。

知識共享的特徵是從一個人、一個小組或機構轉移或傳播知識的活動（Lee, 2001），知識囤積的特點是沒有知識共享（例如Garfield, 2006）。Ford & Staples（2010）研究知識共享和知識囤積的彼此關係（即是有知識共享會否影響知識囤積；有知識囤積會否影響知識共享）。不少研究已經確定了知識共享的許多潛在預測因素，如文化、管理層支持、信任、獎勵、對知識和知識共享的態度、語言、時間和空間。然而，上述研究似乎未能幫助了解知識共享和知識囤積的彼此關係：「兩者是否互相排斥，還是兩者可以並存？」仍有待研究。

Ford & Staples（2008）提出一個框架，以兩個維度（知識傳播對知識保護）建構一個二維空間框架以包含四種類型的知識共享/知識囤積行為。

這四種行為類型包括：全面知識共享（tull knowledge sharing）（高通/低保）、部分知識共享（partial knowledge sharing）（兩者都高）、積極知識囤積（knowledge hoarding）（低通/高保護）和脫離（disengagement）（兩者都低）（見圖）。Ford和Staples（2008）認為這四種類型的知識共享/知識囤積行為均有可能在不同機構、小組及個人出現。

全面知識共享 保持開放溝通

全面知識共享具有以下特點：知識提供者（informer）將他們認為與知識接收者相關的所有知識提供給知識接收者（recipient），知識提供者並不會因為

	高		
知識傳播	**全面** **知識共享** **Full Knowledge** **Sharing**	**部分** **知識共享** **Partial Knowledge** **Sharing**	
	脫離接觸 **Disengagement**	**積極知識囤積** **Active Knowledge** **Hoarding**	
低			

低　　　　　　　　　　　　　高

知識保護

保留某些知識而不分享相關的所有知識，知識提供者及的知識接收者之間具有非常開放的溝通。當問題涉及的知識相對簡單，而相關的知識很少，全面知識共享可以在短時間內完成。另一方面，如果問題與廣泛的相關知識有關，全面知識共享則可能需要較長時間才可完成。因此，在茶水間飲水機周圍往往可透過閒聊的交談已進行全面知識共享（例如Carraher等，2008）。雖然全面知識共享可以有全面披露（full disclosure）的情況，事實上知識提供者並不會全面披露個人所有的單一知識。因為知識接收者不太可能同一時間接收太多的信息/知識，而且今天人們大多患有注意力缺陷（Davenport和Beck,2001），大部分知識接收者均未能充分和完整地接收單一知識的整個內容。

一些研究人員認為個人分享他們的知識之原因是期望可以從接受者那裏獲益（例如

Chen和Choi, 2005; McLure Wasko和Faraj, 2000）。然而，當全面知識共享進行時，知識的交換可能是不公平的，知識提供者獲得從知識接收者回報給提供者的利益與提供者所提供知識的成本（例如時間，努力和專長的支出）是不對等的。全面知識共享可能需要知識提供者付出大量的時間和能量投入（例如Kelloway和Barling, 2000）。因此，學者一般認為全面知識共享很有可能是一種短期性利他主義的表現，不太計較是否有所回報。

除了簡單的成本/收益計算之外，全面知識共享與利他主義有關。Bigley和Roberts（2001）研究消防員發現全面知識共享的例子，例如第一個進入火場的消防員向會無線電台深入描述火場現場的狀況，以便協助新進入火場的消防員做好準備。雖然這個全面知識共享被認為是每名進入火場的消防員的應有表現，因為若沒有充分披露火場現場的最新狀況，可能會

使新進入火場的消防員的生命或甚至公共安全受到威脅。總之，全面知識共享的動機除了主要是短期性利他主義的表現外，也是一種未來的回報——期望未來可以從接受者那裏獲益。

當知識提供者向知識接收者進行全面知識共享，知識提供者一方將可能面對一些風險包括權力的喪失，因為所有相關知識都被分配給接收者（例如Gray，2001）。知識提供者也可能沒有受到知識接收者尊重知識來源而擅用相關知識而帶來某些風險（例如Connelly和Kelloway，2003；Cooper和Graham，2003；Ford和Staples，2006）。另一個風險是知識接收者可能誤解或濫用所接收的知識（Ford和Staples，2006），因為接收者可能會遇到知識超載，隨後誤解或濫用知識。如果某些知識被誤認為是該知識的起源，這可能會導致損害機構，利潤有所損失，又或損害知識提供者的聲譽等問題。

部分知識共享 限制知識分享

部分知識共享的特徵包括僅分享一些相關知識並限制其他知識的共享（尤其是那些機密知識或某些知識可能對知識提供者或知識機構構成風險）。Bigley和Roberts(2001)，Ford和Staples（2006）和Yang（2004）報道這類部分知識共享的證據。學者認為機構內會出現部分知識共享，原因可能是試圖減低接收者的混亂（即避免令某些知識接收者出現認知超載，尤其當這些知識接收者對某些主題知識不足時），避免浪費知識提供者的時間，同時仍然給予接收者足夠的知識以便執行他/她的工作。由於知識接收者和知識提供者之間的不同利益和感覺，所以只有彼此分享各自認為最合適的知識，以及知識提供者覺得最需要分享的知識。知識提供者還可以通過保留某些機密或敏感的知識以保護單位、部門、項目或機構(例如Bouty， 2000)，或者通過保留某些具有潛在尷尬或競爭優勢的知識以保護自己（例如Chow等人，2000；Ford和Staples, 2006）。因此，部分知識共享在本質上可能有利他主義的或自我中心的，但關鍵特徵是部分知識共享具有保護要素，而全面知識共享則不存在。

當知識提供者向知識接收者進行部分知識共享，知識提供者一方將可能面對一些潛在風險，包括負面的考績或處分、知識產權被剝奪，獲取事項的權利被剝奪和權力被削弱。如果知識提供者只分享部分知識，而知識接收者卻需要知道所有知識以完成他/她的工作，只分享部分知識可能會影響機構效率。只分享部分知識的知識提供者可能會因影響機構效率而成為機構發展的瓶頸而獲負面的考績評分。另一方面，如果一名知識提供者向無權獲取相關知識或有機會在知識產權上侵權的知識接收者披露知識，那麼也可能會遇到負面的考績或處分。

知識管理注重對知識作為戰略資源的管理，鼓勵分享知識，是企業發展不可或缺的一種好方法。（Peakpx）

知識提供者可以選擇部分分享，以盡量減少失去擁有權／知識產權（自己或部門等）的風險。因此，當知識提供者進行部分知識共享時，知識提供者必須平衡獲得知識的權利及機構效率兩方面的利益及風險。當知識提供者進行部分知識共享時，可能失去本身擁有的權力。雖然知識提供者保留一些知識，但他／她仍然在披露一些可能導致權力喪失的知識。然而，與全面知識共享不同，知識提供者很可能會保留那些導致更大權力損失的知識，因此部分知識共享的權力損失之風險比全面知識共享為低。

Ford & Staples（2010）提出一種特殊的全面知識共享稱為低程度的全面知識共享（low full knowledge sharing）。低程度的全面知識共享是否與部分知識共享相同呢？為了幫助説明，以走路和跑步作例釋。雖然走路和跑步這兩者都可稱為人類運動（locomotion），但是從動力學和運動學研究表明，它們是不同層次的行為，即使速度相同也具有質性（qualitative）及量性（quantitative）的差異（例如Sasaki和Nephine，2006）。走路和跑步可以根據頻率或持續時間來測量；因此，跑步次數不足（low in running）只意味着跑步頻率較低（每周只有一次與每周六次之分別）。

Ford & Staples（2010）提出這個走路和跑步的類比也適用於區別低程度的全面知識共享和部分知識共享，兩種行為都可以根據頻率或持續時間來衡量。因此，低程度的全面知識共享不是部分知識共享，正如跑步次數不足並不是指走路，而是頻率或持續時間很低的跑步。一個人可以隨着時間的推移呈現全面知識共享和部分知識共享行為，就像一個人可以走路和跑步，而不是在完全相同的時刻。

由於篇幅所限，未能在此向讀者詳述促進知識共享的相關因素，期望日後再談。

參考文獻：

Bigley, G.A., Roberts, K.H. (2001), "The incident command system: high-reliability organizing for complex and volatile task environments", *Academy of Management Journal,* Vol. 44 pp.1281-99.

Bock, G.W., Zmud, R.W., Kim, Y. (2005), "Behavioral intention formation in knowledge sharing: examining the roles of extrinsic motivators, social-psychological forces, and organizational climate", *MIS Quarterly,* Vol. 29 pp.87-111.

Bouty, I. (2000), "Interpersonal and interaction influences on informal resource exchanges between R&D researchers across organizational boundaries", *Academy of Management Journal,* Vol. 43 pp.50-65.

Carraher, S.M., Sullivan, S.E., Crocitto, M.M. (2008), "Mentoring across global boundaries: an empirical examination of home-and host-country mentors on expatriate career outcomes", *Journal of International Business Studies,* Vol. 29 pp.1310.

Chen, S., Choi, C.J. (2005), "A social exchange perspective on business ethics: an application of knowledge exchange", *Journal of Business Ethics,* Vol. 62 pp.1-11.

Chow, C.W., Deng, F.J., Ho, J.L. (2000),

"The openness of knowledge sharing within organizations: a comparative study of the United States and the People's Republic of China", *Journal of Management Accounting Research,* Vol. 12 pp.65-95.

Connelly, C.E., Kelloway, K. (2003), "Predictors of employees' perceptions of knowledge-sharing cultures", *Leadership & Organization Development Journal,* Vol. 24 No.5, pp.294-301.

Cooper, W., Graham, W. (2003), "Credit stealing", paper presented at Queen's School of Business Research Forum, Queen's University, Kingston, .

Davenport, T.H., Beck, J.C. (2001), *The Attention Economy: Understanding the New Currency of Business,* Harvard Business School Press, Boston, MA, .

Ford, D., P. , & Sandy, S. (2010). "Are full and partial knowledge sharing the same?" ,*Journal of Knowledge Management,* 14(3), 394-409.

Ford, D.P. (2008), *Disengagement from Knowledge Sharing: The Alternative Explanation for Why People Are Not Sharing,* Administrative Sciences Association of Canada, Halifax, .

Ford, D.P., Staples, D.S. (2006), "Perceived value of knowledge: the potential informer's perception", *Knowledge Management Research and Practice*, Vol. 4 pp.3-16.

Ford, D.P., Staples, D.S. (2008), "What is knowledge sharing from the informer's perspective?", *International Journal of Knowledge Management*, Vol. 4 pp.1-20.

Fukugawa, N. (2006), "Determining factors in innovation of small firm networks: a case of cross-industry groups in Japan", *Small Business Economics*, Vol. 27 pp.181-93.

Garfield, S. (2006), "10 reasons why people don't share their knowledge", *KM Review*, Vol. 9 pp.10-11.

Grant, R.M. (1996), "Toward a knowledge-based theory of the firm", *Strategic Management Journal*, Vol. 17 pp.109-22.

Gray, P.H. (2001), "The impact of knowledge repositories on power and control in the workplace", *Information Technology & People*, Vol. 14 No.4, pp.368-84.

Haas, M.R., Hansen, M.T. (2007), "Different knowledge, different benefits: toward a productivity perspective on knowledge sharing in organizations", *Strategic Management Journal*, Vol. 28 pp.1133-53.

Kelloway, K., Barling, J. (2000), "Knowledge work as organizational behavior", *International Journal of Management Reviews*, Vol. 2 pp.287-304.

Kurland, H., Peretz, H., & Hertz-Lazarowitz, R. (2010). "Leadership Style and Organizational Learning: The Mediate Effect of School Vision". *Journal of Educational Administration*, 48(1), pp.7-30.

Lee, C.S. (2001), "Modeling the business value of information technology", *Information & Management*, Vol. 39 pp.191.

McLure Wasko, M., Faraj, S. (2000), "It is what one does': why people participate and help others in electronic communities of practice", *Journal of Strategic Information Systems*, Vol. 9 pp.155-73.

Sasaki, K., Nephine, R.R. (2006), "Differences in muscle function during walking and running at the same speed", *Journal of Biomechanics*, Vol. 29 pp.2005-13.

Yang, J. (2004), "Job-related knowledge sharing: comparative case studies", *Journal of Knowledge Management*, Vol. 8 No.3, pp.118-26.

2017年8月28日

作者簡介

周慧儀，翻譯學士、香港中文大學教育碩士以院長榮譽錄畢業。現任學習友坊教育顧問中心課程總監，秉承「學習有方，博思明志，愛群新民」的教育使命來服務香港社群，推動自主學習、高效能學習、全語文教育系統，以及新世代全人教育，同時承擔多個教育職務。現為教育評議會執委、有為書店圖書顧問、中小學語文資優課程顧問、師資培訓講師、校際寫作比賽評審、優質圖書館網絡比賽評審，以及家教會執委等。作品曾刊登於《明報·教得樂》、《香港經濟日報》、《教育局·教師中心傳真》和《教育評議會·教育現場》。

語文學習：閱讀與寫作，讀寫互進

語文是人類盛載文化歷史和交流思想感情的重要工具，人類運用語文包括閱讀和寫作兩方面。文章是閱讀和寫作的中介，而文章的可貴之處其實是一體兩面的，作者有所見，有所聞，有所思，有所感，之後揮筆寫成文章，以見證自己身心靈的成長歷程。當讀者閱讀文章後，也獲得了間接經驗，受到教育，得到啟發和滋養。故此，作者和讀者皆可在文章中有所得、有所長。

在語文學習的旅途上，人若能見識過閱讀之旅的廣闊天地和寫作之遊的神秘地域，他一定會從此愛上這種旅遊式的語文學習，因為當中沒有命令、催逼和壓力，只有自主、自由和得力。

語文水平愈高的人，愈能正確地理解到別人的思想和感情，愈能細緻地欣賞到別人的睿智和深情，這正是閱讀之旅的廣闊天地；另一方面，他們也能得心應手，運筆自如，以我手寫我心，想到甚麼就寫甚麼，要寫甚麼就像甚麼，這就是寫作之遊的神秘地域。

閱讀教育，要閱讀甚麼？閱讀材料有質量之分：只讀那些易讀、沒有實質內容、品味偏低、碎片式、短暫的讀物，不會帶來甚麼好處；相反，持之以恒地多讀多種多樣的文章，讀時事新聞、讀報刊社評、讀小說、讀科普作

讀和寫是相輔相承的，讀有利於寫，寫有利於讀。（Pixabay）

品、名家專欄等文章，以及多讀那些世世代代傳誦的古今中外經典名著，則會帶來無限的益處和妙用。

閱讀能力的階梯

閱讀能力共有三個不同的層次：

閱讀的第一個層次，是思想內容的理解。讀者能對文字的形、音、義有正確的認知和掌握，強調字、詞、句、段、篇的理解，乃至對某章節有準確的明瞭，即這篇文章或這本書究竟講了甚麼？

閱讀的第二個層次，是結構組織和詞句的分析與探究。讀者能從文本中讀出作者的思路，即作者如何通過文字，謹慎地遣詞造句，一層一層、一段一段、清清楚楚、有條不紊地展現出他的意念？

閱讀的第三個層次，是配合讀者閱讀的寶貴體驗。讀者閱讀的體驗其實比文章本身更為重要。閱讀不是隨隨便便的，讀者是帶着明確目標、主動自發地去閱讀的。文章作為引子，讀者多角度思考，結合自己已有知識和經驗，對文章內容作出評價，如讀者會一邊閱讀，一邊反思：我和作者也有相似的經驗，然而為何作者能寫得比我出色？我為甚麼選了這文章來閱讀？文中有哪些語句吸引我？這文章的優點在哪裏？對我有何影響？給我帶來甚麼好處？當中有甚麼是值得我去學習的？

寫作的本質是甚麼？寫作能讓渴望表達自己的意願，渴望讓別人了解的需要得以實現。我們為何而寫？寫給誰看？該怎樣寫？怎麼才能寫得好？如何立意取材才能讓思想更顯深度和廣度？這些全是重要的問題。

寫作能力的階梯

要寫一篇文章，要留意文章的三大構成部分：思想內容、結構組織、遣詞造句。由此三個範疇出發，我們再細看寫作能力是如何逐步開展和提升吧！

寫作的第一個層次，是想寫就寫，以寫作為遊戲。不必介意小作者在思想內容、結構組織和遣詞造句各方面有所不足，初學寫作者根本就不用怕，只要試，想寫多少就多少，能寫多少就多少，盡情地用文字來表達意念便可了，如寫創意故事、寫日誌、寫閱讀報告等。

寫作的第二個層次，是老師多教授寫作技巧、多提示、多提問，以刺激學生思考，優化寫作表現。文章夠字數嗎？思想是否合理？內容是否豐富？情景掌握得好嗎？五官感悟用得恰當精彩嗎？句意是否清楚？結構是否完整？主次詳略適中嗎？字句和修辭運用得精當嗎？

寫作的第三個層次，是作者從不斷反思和修改文章中力求精進。寫作是作者藉文字表達思想與感情並從而反映其獨特的人生、視野。作者能注意到文章是扣準自己的寫作初心和真誠心意。作者有讀者意識，能站在讀者的立場上要求自己言之有物，能感染或鼓動讀者，動之以情，說之以理。作者追求審題精準，立意要新，取材要深，結構組織主次分明，通篇連貫有照應，有畫龍點睛的遣詞造句，有當繁即繁當簡即簡的明智取捨。當中歷代的中外寫作大師，他們更能把人情歷練中的奧妙剎那，把思想辯證中的徹悟瞬間，一一化為永恒的文章，永世長存。

讀寫教育，互進增益

把閱讀教育納入寫作教育之中，是一種讀寫互進的教學方法：讀和寫是相輔相承的，讀有利於寫多元吸收養份；寫有利於讀，知不足後再研讀。只寫作而不閱讀，則人便會因其知識薄弱和沒有優秀佳文作借鑒而不能寫出好文章；只閱讀而不寫作，人只會相繼出現眼高手低的困境，或未能把智慧和知識化為文字與人分享。

為了寫作而閱讀，在教學的具體安排上，即每一學習主題之下匯集十多篇文題不同但都主題鮮明、文字精簡優美、內容吸引的文章，作為閱讀理解的教材和寫作的範文。學生在老師引導下，先對同一主題文章的主題意旨、結構方式和寫作手法進行分析，以作借鑒，讓學生在仿作時，使得其作文有規可尋、有榜可依，降低了寫作的難度，提高了寫作的信心。之後，通過自己對生活情境的觀察、訪問、實習、討論和思考等活知識，以確立自己文章的主旨。總括而言，為了優化寫作，我們要進行相關的閱讀和提問，因為多讀、多思、多寫（仿作），才是優質語文學習的成功因素。

2017年10月20日

大學之道・領袖之風

依照中國傳統，中國教育重做人，亦即重倫理、道德與價值教育，這些正是中國教育的核心。

先哲名言中的大學之道

《大學》開篇「大學之道，在明明德，在親民，在止於至善。」朱熹說：「大學者，大人之學也。」所謂大人，是指貴族或品德高尚的人，相對的是小人，是指平民或品德卑下的人，由此可知《大學》原旨是講一個大人應該如何完成自己。

「大人之學的路向，在於使自己的德性自覺明朗，在於使他人能夠革新進步，在於以成就自己及成就他人的圓滿價值為歸宿。」（香港中文大學哲學系勞思光教授的白話文版）。

朱熹以明明德(開拓自己德性的自覺)、親民(教化他人)、止於至善(對永恒理想的追尋)為三綱領，以格物、致知、誠意、正心、修身、齊家、治國、平天下為八條目。八條目主旨在說明事功是以自身德性之完成為基礎，這亦正是實現三綱領的八個步驟。於是，由這裏便衍生出以理想人格為理想政治決定條件的思想，可見《大學》強調的是理想人格和重德精神。

在探求大學之道上，讓我們先細看本港的各大學之歷史和使命，好讓人從追本溯源、回顧成長之中，覺悟此時自己的立足點、定位，以及反思未來應走的路向。

香港各所大學的大學之道

香港大學成立於1912年殖民地時期，是本港歷史最悠久的第一所高等教育學府，已躋身國際優等學府之首列。港大發展與時俱進，堅持以人才為本，校訓是「明德格物」。

香港中文大學成立於1963年，是世界第一流研究型綜合大學之一。中大以結合傳統與現代，融會中國與西方為大學使命，教育方針為德智並重，故採「博文約禮」為校訓。

香港科技大學成立於1991年，是以研究為本的世界級學府，秉承其環球視野和銳意創新的大學使命，以力求卓越為核心價值，糅合中西教育的精粹，倡導事在人為和企業家精神。

1984年香港城市理工學院創校，後於1994年升格為香港城市大學，校訓是「敬業樂群」，以致力培育和拓展學生才能，創造實用知識，推動社會和經濟進步為大學使命。

大學畢業生最重要的是為社會作出貢獻。（Pixabay）

1937年香港官立高級工業學院成立，後於1994年正名為香港理工大學，是一所在專業教育、應用研究及夥伴協作方面表現卓越的大學，校訓是「開物成務，勵學利民」。

香港浸會學院是由香港浸信會聯會於1956年創辦的私立高等學府，至1994年獲得正名，成為香港浸會大學。使命是秉承基督教高等教育的理念，力臻至善，推行全人教育，校訓是「篤信力行」。

1967年嶺南書院在香港創辦，後於1999年正名為嶺南大學，是世界級博雅教育學府，以「作育英才，服務社會」為校訓，讓學生學習安身立命、修身養性的學問。

1994年教育學院整併五間師範學院而成立，後於2016正名為香港教育大學，是香港唯一以師範教育為本的大學。教大秉承教育為本，超越教育的理念，帶領教育創新發展。

1989年香港政府成立香港公開進修學院，後於1997年正式升格為香港公開大學，其使命是以開放及靈活學習為主要模式，為所有人提供高等教育機會。校訓是「公誠毅樸，開明進取」。

1971年香港樹仁書院成立，2006年正名為香港樹仁大學。校訓是「敦仁博物」，旨在培養仁者的精神，培育仁德兼備的君子；為學要博大淵深，要為將來治學打好基礎。

回顧現今香港的大學現場

最近半個月，香港的大學生醜聞不斷，他們那些極之冷血涼薄、卑鄙下流、粗暴殘忍、無禮不敬的種種暴力文字、粗劣語言和放肆惡行，或見於教育大學和城市大學等大學民主牆上，或聽見於中文大學文化廣場上的「港獨」宣傳物品，或在以粗言穢語來辱罵對方為「支那人」的發洩聲中，又或在公眾討論區或社交媒體所發布出來的文字和對話間，以及數封由多間大學學生會聯署的信函或教大學生會的回應信函之中，加上突襲學生事務處，圍堵中大副校長吳基培等狂妄行動中，皆盡見香港的大學生領袖生命之破落衰殘。

展望香港的未來大學教育：培養領袖之風

當代國學大師霍韜晦教授在《成長的鍛練》一書裏〈時代的使命，生命的開通〉一文，指出生命的五種品性：獸性、理性、仁性、空性和神性。現就當中三個觀點獸性、理性、仁性來加以申述和應用。

一、獸性：霍教授在文中指出「人要向人的動物性告別」，雖然生命自獸性為原始起點，有其野蠻、暴戾、血腥、殘酷，然而，人因讀書而變化氣質，所以後有孟子所說的「人禽之辨」，人之異於禽獸者，在其有仁義禮智。仁即無私的、普遍的惻隱不忍之心；義是以公平正直之心待人接物；禮見於自己謙讓與對他人之尊重；智見於明辨是與非。故此，我對領袖生的告誡是：勿讓罪惡、獸性猖獗蔓延，不能姑息！不能縱容！

二、理性：文中提及人懂得思考、比較、計算、選擇，甚至創造。人類用科學理性發展出科學方法，使我們得到許多客觀的知識，屬知性取向。大家都會同意人要彼此尊重，不應打壓言論自由和學術自由，但言論自由理應在自律、理性、客觀和平和的環境中進行，是要以知識和道理先行。例如，言論自由不能破壞國家穩定統一，這跟鼓吹港獨絕不相同。故此，我對領袖生的勸勉是：勿讓無知、衝動勝過理性！

三、仁性：霍教授在文中引《論語》中「克己復禮為仁」、「己欲立而立人，己欲達而達人」等句，倡議「生命成長、做人做事全靠這個仁性；社會和諧，各自正位也是靠這個仁性」。故此，我願誠心跟領袖生分享：要以仁待人，以仁心、仁道、仁慈為念，因仁才是領袖之風，王者之道。

賢能者，有理性，有仁性，才稱得上大學生領袖

誰願當領袖的，尤其是想成為一個真正有擔當的大學生領袖，那就更要認真地學習了。除了閱讀本科書和學術文獻外，也應多閱讀古今中外的經典名著，熟讀歷史、文化、哲學與政治，多讀文學、經濟、藝術、科技和宗教。人，若心性變好了，氣質變美了，智慧變高了，他的眼光、選擇和領導能力才能變得優秀，才能贏得敬佩和令別人心悅誠服。

參考文章：

何漢權，〈香港民主教育東歪西倒〉，《信報》，2017年9月16日。

霍韜晦，〈時代的使命，生命的開通〉，《成長的鍛練》（法住，2013）

勞思光，《大學中庸譯註新編》（香港中文大學，2000）

金耀基，《大學之理念》（牛津大學出版社，2000）

2017年9月19日

作者簡介

鄧兆鴻，退休小學校長。香港中文大學教育學士、碩士。1971年入職，1985年任校長至2005年退休。香港中文大學、香港浸會大學、香港教育大學兼任講師，教授課程包括：學校行政、課程發展及管理、擬任校長培訓課程、中層管理人員行政課程、訓導及輔導人員培訓課程等。研究興趣包括教師教育、學校行政及發展、學生輔導工作、素質保證等。教育評議會創會會員、執行委員；香港初等教育研究學會創會主席。曾任香港教育研究學會周年研討會籌備委員會委員、香港教育行政學會執行委員、香港資助小學校長會理事兼教育政策委員會主任、教育人員專業操守議會第五，六屆委員等。退休後頗沉迷於中國文化藝術活動。

動物學校的教育

1940年，G. H. Reavis 寫了《動物學校》(*The Animal School*) 的寓言故事：為了能適應社會的發展，所有動物都要參與學習，為了易於管理，動物要參與不同的課程 ── 跑步、爬樹、游泳與飛行。學期終了：鴨子因練習跑步傷了腳掌，游泳項目僅能及格；白兔因游泳課而神經衰弱；松鼠因要從地上起動飛行而四頭肌僵痛，經常抽筋；鷹因不跟隨指示爬上樹而多次被罰，被介定有學習困難；鰻魚游泳了得，也能跑、爬、飛一點點，考了第一。土撥鼠因學校不肯開挖地洞課而去了獾和地鼠辦得不錯的私立學校。書的結語寫道：

Remember : There is no one correct way to teach all children, but there is a correct way to teach each child : one at a time. If you know a policy maker, share with him of her a copy of this book.

候任行政長官林太在當選發言時以增加50億元教育撥款為引子，推動「團結向前」，以期聯絡教育界各方持分者，作為修補撕裂的第一步。

50億元是一個不小的數目，不同的持分者會有不同的意見，能否取得共識，如何和衷共濟地適當分餅？筆者不想揣測。教育工作，資源當然十分重要，但是否投入更多的資源便能解決現今香港教育面對的困難，筆者總有些保留。

教育界對這寓言故事真的無動於衷嗎？（Pixabay）

教育的目標是甚麼？1993年9月發表的《香港學校教育目標》，是「令每個兒童的潛質得以發展，日後成為有獨立思考能力和關注社會事務的成年人，具備知識技能，處事態度成熟，過充實的生活，並對本港社會作出積極的貢獻。」

古之學者為己，今之學者為人

1990年教育統籌委員會建議的教育目標為：「讓每個人在德、智、體、群、美各方面都有全面而具個性的發展，使其一生能不斷自學、思考、探索、創新和應變，有充分的自信，合群的精神，願意為社會的繁榮、進步、自由、民主和法治不斷努力，為國家和世界的前途作出貢獻。」

社會各界對教育的期望各有表述，大學收取DSE成績優秀的學生；僱主要求僱員能配合公司需要立即投入工作；父母要求學校能把他們的子女送進大學；學生要求能愉快地、無壓力下完成課程……現行的單一課程，四個核心科目加上一至兩個選科，學生要在兩年多的時間內準備面對一生中最重要的挑戰，爭奪有限的升學機會。學生、家長、教師、學校只能朝着拚入大學而奮鬥，潛質要為入大學服務，思考要因應吻合文憑考試，關注能有助提升通識教育的社會事務，有的最要是4+2的知識，具備的是應考的技能……與寓言故事何其相似。

教育界對這寓言故事真的無動於衷嗎？在學生人數持續下降，學校只能以畢業生進入大學人數作為招徠。入大學成績欠佳，影響了學校收生情況，學校面對縮班壓力，只能與現實妥協，努力推動單一課程。課程由當局規定，不同能力、性向、興趣的學生們都只能接受同一的課程，學校、教師只能作有限的調適，學生們都要「跑、爬、游、飛」；全面而具個性的發展只能留待成年時再衝刺。

把50億元投入教育，買到的是甚麼？把向大學的傾斜稍移向中、小學，增加了班師比，增強了教師的教學熱誠和投入，提升了輔助教學的資源，增加了學生面對不同挑戰的機會，但面對的仍是「跑、爬、游、飛」……

耶魯大學前校長R. C. Levin認為，專業的知識和技能，是學生們根據自己的意願，在大學畢業後才需要去學習和掌握的東西，那不是耶魯大學教育的任務。在他的演講集《大學的工作》中，他這樣看耶魯教育的目的：自由地發揮個人潛質，自由地選擇學習方向，不為名利所累，為生命的成長確定方向，為社會、為人類的進步而做出貢獻。

古之學者為己，今之學者為人，教育何時才能復返自然？

2017年3月29日

中國文化在香港沒落了？

古來典籍，不同年代的學者都有不同的解釋，有些因為文本的不同，點句有不同以致出現不同的解讀，不同年代的學者因時代的改變也有着不同的看法及詮釋，但有時不免出現了誤解甚而曲解作者的原意。有不同意圖的別有用心者，更會利用前人文章為自己的利益護航，更多的是斷章取義，不理作者原意，只選取能為自己所用的便大肆宣揚。但總的來說，前人仍依循着讀書人固的有對文化的尊重。

中國文化的飄零

時代轉變了，古籍的理念是否仍能為現世代香港人的楷模？這是文化的影響力。文化的影響力基於能否傳承，傳承的責任在於教育，在於社會對這文化的理解與接受。香港在殖民地時期的教育，因大陸變色而南渡香港儒者的堅守，中國傳統文化仍能持續傳承，老一輩的人仍持守着父慈、子孝、兄友、弟恭，當學生的仍能尊師重道。在殖民地政府刻意去香港人國家觀念的教育政策下，也是戰後對共產主義的排拒下，中國歷史到鴉片戰爭便剎停了，學校也不能教授任何與政治有關的課題。南來的學者去後，能傳承中國文化的也漸飄零，「傳道、授業、解惑」的只殘留解惑。

「天命之謂性，率性之謂道，修道之謂教。」教育是求修「道」，道是率性，現代人真的能率性而為，不顧後果，也不知道要率的是甚麼「性」，也忘記了「天命」才是「性」。中國文化講天人合一，人要配合天地的轉變，要配合四時的轉變，要配合山川的轉變，要配合時代的轉變，要配合一切一切的轉變，才能持續發展，這是《易經》變易的道理。率性的「性」不是個人的喜好，不是個人的利益，不是個人的索求，不是個人的期盼，是合乎現實的發展，合乎眾生的需要，合乎天命的循環，不變易的是這個「天命」。現今的年代，香港教育已淪為服務業，教師只在解惑上還有一些功用，授業是無能為力，「業」是甚麼也只一知半解，遑論傳道。面對的世界在不斷的改變，自己卻仍困在三、五十年前的過去印象中。國際間的快速轉變，各地區的合併、解體，符合中國發展的共產主義。原宗教主義的抬頭，給這個世界帶來無盡的衝擊，年輕人要打破一切約束，教師卻無法滿足他們的渴望和需求，異化者更提供破壞性的思想，刺激着年輕人的神經系統，破壞性行為造成了社會的動盪。

佛家說「業」也說「孽」，是指人的一眾行為和因行為而衍生的結果。儒家說的授業有些人片面的認為是教授學業，深層次的認識是教授學生行為的標準，若授業只

儒家思想對老一輩中國人影響深遠，然而新一代則同時受西方文化薰陶。（Pixabay）

是簡簡單單的教些課業，那和解惑便沒有大分別，何用老夫子把它放在傳道之後、解惑之前。教師授業是要教導學生要有正確的竹為，如「父母在，不遠遊」、「為人謀而不忠乎，與朋友交而不信乎，傳不習乎。」、「君君，臣臣，父父，子子」等等的行為規範。個人的行為不僅影響個人的修養，也影響家族的聲名，個人的行為，不只在眾人前如此，也要「不欺暗室」。但觀乎今天的香港，不欺暗室談不上，面對面的說謊，面對群眾的大放厥辭、強辭奪理、歪理連篇，仍侃侃而談，恬不知恥。大學生不會尊師，更不要說重道，對自己民族文化的漠然，對自己的身份的否定，審其原因，當不難道盡，一言以蔽，中國傳統文化沒有在這些人中種下根苗，沒有給他們的行為核定標準，他們便率自己的「性」而胡作非為，加上一些別有用心者的推波助瀾，青少年便勇往直前，不顧後果。

否定傳統智慧

美國前總統尼克遜寫了《1999不戰而勝》的一本書，理論來自中國的孫子兵法。書中末後這樣說：「當有一天，遙遠的古老中國，他們的年輕人，不再相信他們的歷史傳統和民族的時候，我們美國人，就不戰而勝了。」今天看香港的情況，年輕人對中國歷史全無認識，對中國傳統及傳統的智慧全盤否定，不認自己為中國人的已浮現了，造成這個現象的背後力量從何而來？教育當局當年否定中國歷史的免不了最大的責任，因反對推行國民教育而遊行示威的也有不能推卸的責任，面對目前這種情況，教育界同仁是否要在國家歷史及傳統文化上多加把勁？看中國大陸的教育改革，中國文化及德育教育的提升，正是對應的策略，香港政府在教育這一塊上如何策應將是香港前途發展的重要決定，有識者宜識之。

2017年9月29日

作者簡介

楊佩珊，教育博士（教育管理），香港大學理學士，主修數學；香港城市大學計算機科學碩士。早年執教電腦及數學科，並推動資訊科技發展及升學就業輔導等工作。現任仁濟醫院羅陳楚思中學校長。香港浸會大學學校領導課程兼任導師，並擔任學校領導課程同學會副主席。曾任知識產權處學習軟件管理委員及製作委員、聯校資訊科技學會司庫、教育局課程發展處中學電腦科教科書評審委員、優質教育基金計劃評審員。初中數學多元練習、《香港中學會考資訊科技科教材套件》及中學電腦科教科書作者。也曾擔任《教協報》及《學校與家庭》資訊科技教育專欄作者。

回歸20載 香港人繼續堅持打不死精神

無言輕倚窗邊 凝望雨勢急也亂，
似個瘋漢 滿肚鬱結 怒罵着厭倦，
徐徐呼出煙圈 回望以往的片段，
幾許風雨 我也經過 屹立到目前。

香港回顧20載，這片土地歷盡風雨，當中有喜有悲，有苦有樂。20年畢竟不是一個短的時間，大部分人也可能經歷了人生好幾個階段：幼年到少年；少年到中年；中年到老年，心境與心態也有很多的改變。回望以往，香港面對幾許風雨，先是1997亞洲金融風暴，杳港經濟下滑，公司結業、負資產及破產人士頻現，不少人一生積蓄及心血瞬間消逝，一切都要從頭而起。但那股打不死的香港人精神，驅使我們堅持下去。筆者當年作為負資產一族，也只好勒緊褲頭及節衣縮食，把困境捱過去。

沙士一役　急也亂

2000年科技股泡沫破裂，香港作為金融城市也難逃厄運，尚未復原的香港，在金融及經濟上又一再受挫，香港人又從好轉中掉回困境。2000年過後，憑着香港人的意志及努力，香港的經濟漸漸改善。可是好景不常，挑戰和困難接踵而來，2003年香港爆發沙士，3月27日宣布中小學及幼兒園停課，4日後隔離了淘大花園居民。當時

香港有東方之珠美譽。（Pixabay）

在電視機的畫面上看到淘大居民送入隔離營地，恍如電影《伊波拉病毒》的情節，街上各人都帶上口罩，大家都惶恐得不敢到公眾地方，每天在電視機的畫面上也顯示着累積的死亡人數，心情沉重無奈。個月後，香港特區死於SARS的人數全球居首。香港人憑着堅忍的態度沉着應戰，直到6月23日世界衞生組織才把香港從疫區中除名，而SARS的惡靈總算離開了我們。

幾許風雨 苦中甘露

經過幾許風雨，於2009年香港終遇上苦中甘露。2009年東亞運動會於本港舉行，過程中有不少爭議，認為主辦東亞運動會對振興香港經濟無甚作用，更甚可能是勞民傷財之舉。當年東亞運動會的口號是「創造傳奇一刻」，香港足球隊當時世界排名143，但卻以4比1大勝南韓，後更力壓南韓和中國，以首名的姿態出線，最終戰勝日本，獲得足球金牌，全城振奮。筆者參加東亞運動會閉幕禮時，完全感受到香港人的團結及對這個城市熱愛的情懷。

馬尼拉人質事件 熱淚聚滿面

香港人不只能共甘，也能共苦。2010年8月於菲律賓馬尼拉發生人質事件，挾持人質事件持續近12小時，當中15名人質中7名受傷、8名死亡。在電視機的畫面上經歷了整個過程，心中滿是傷痛及憤怒，在香港停機坪上的悼念儀式，使香港人掉下最傷心的眼淚，一同渡過了最痛和苦的一個8月。

雨傘運動 怒罵着厭倦

2014年9月香港爆發佔中事件，後演化為雨傘運動，9月28日催淚彈驅散行動激發大規模民憤，社會撕裂及對抗行動展開，對立的情緒亦達至一個沸點。事件對社會影響深遠，引伸社會階層分裂，國民身份認同減退，社會負面情緒激增，年輕人更是首當其衝的一群。

新特首來新班子 雲漸散去星再現

兩年多過後，香港回歸20年，隨着新特首上任，再加上遼寧艦在彩虹中出現，象徵着滿懷希望的新開始。寄望香港往後日子如以下《幾許風雨》歌詞所述，香港社會能雲漸散去星再現，我們能繼續堅持香港人打不死的精神，鬥志不斷，香港能互相陪伴同心步前。

**悠然推窗觀天 雲漸散去星再現，
雨線飄斷 似我的臉 熱淚聚滿面，
無求一生光輝 唯望鬥志不會斷，
似你的臉 叫我溫暖 伴着我步前。**

2017年7月14日

老師！老師！幫幫忙！

「老師！老師！幫幫忙！」一個短訊鈎起了我的思緒。

舊的學年快將完結，新的即將來臨了。每年看見新入職老師的面孔，便讓我想起當年的我。當老師是我兒時的夢想，大學畢業後，走進課室裏執起教鞭，轉眼已忽忽20年了。回想當日大學三年班時，同學們都在忙着為畢業後的工作籌謀，什麼四大會計師樓，三大電子工程公司，各大銀行及金融機構等，都成為大家追捧的對象。當年身在香港最大銀行當兼職，順理成章可留在銀行裏繼續發展，畢業後即能找到大機構的工作崗位，也算不錯的出路吧。結果筆者是隨波逐流或是隨兒時夢想進發，結果大家也應知道了。

學生成家立室欣慰 行政減少精神食糧

在教育前線工作了差不多20年，經歷了教師工作的辛酸變遷。有人說教師假期多，而且薪金高，是一等一的優差，也有人說教師沒有年假、超時沒有補薪、孩子難教，家長要求又高，是苦差一份。對我而言，教師的工作是苦或是甜並不在乎假期或薪金，而是那份情。當教師的頭10年，因為不需要擔當太多的行政的工作，故能當起班主任，所以有一班仔仔女女陪同成長。最近翻開面書

（Facebook），看見他們一個又一個報的喜訊：「我要結婚了」、「我的的孩子出世了」、「孩子滿月了」……同時也看見很多同學帶着他們的子女共渡暑假的家庭樂照。看見同學的成長，離開學校、走進大學和社會，參與他們的婚禮，走進人生新階段，成為孩子的父母，心裏有一份說不出的喜悅和滿足。近十年的教育生涯，隨着擔當行政工作及當上副校長後，薪金可能是多了，但工作時間也相應增加，但那份情感的補充卻減少了。離開課室愈遠，粉絲的數目就愈少。若同學的支持及關係是老師精神的食糧及支持，那麼擔當了行政的工作和校長，離開了課室後，食糧的供應就肯定愈見減少。

上網問功課 萬事找老師

在疲乏和乾涸的狀態下，收到一位舊學生請老師幫忙的WhatsApp短訊，內容看似是一些奧數的題目，原來學生是來上網問功課。起初我還以為他是在照顧孩子功課上遇上問題因而求助，但在細問下才發現是學生為應付轉職之用，他也因此與我細細地分享了他的夢想。

我當了這一個學生班主任兩年，這一班的同學是我在教育生涯上最具挑戰的一群，但我卻從他們身上也獲得了

經歷20年教師工作的辛酸，多年後，收到一個個報的喜訊：「我要結婚了」、「孩子出世了」，心中滿有安慰。（Shutterstock）

在教育生涯上最寶貴的東西。他們的反叛及頑皮總會帶給我無窮且新鮮的煩惱，但我最愛這一班同學，因為我看見他們令人鼓舞的進步，最感受到從他們而來的感恩。孩子邀請我出席學警學校的畢業禮；帶未婚妻給我過目；孩子們找學校來問我的意見；女朋友想學英文哪兒好；傷心時給我鼓勵和支持⋯⋯他們的問題林林總總，我回答起來時不但沒有煩擾的感覺，反之是一份溫馨的感覺，就如家人一般的親切。

莘莘學子 多打擾老師

教師工作最大的收穫或回饋並不是假期或豐厚而穩定的薪金，而是這一份情。在平日孤寂和具壓力的工作下，支持我撐下去的不是存摺的數字，更不是那些都在工作中渡過的悠長「假」假期，而是每一個有空給我發問問題，在面書或WhatsApp內問候這位老人家的同學；在新年來給我拜年的同學；在街上蹤到時會給我「集郵」的同學。他們成為了我背後的力量。各位讀者們，也許你不是從事教育的工作，要為教育付出一份力看似很遙遠，但你總會當過學生罷。多問候和關心你的老師，有空回學校探望你的老師，有困難時多打擾一下你的老師，為老師們注入正能量，讓老師在燃燒生命的時候，在你們的補給下再照亮更多的孩子。不要再猶疑了，即時行動，同學！同學！幫幫忙！

2016年8月30日

作者簡介

梁振威，香港教育大學前中文系
講師，現為香港教育大學院校協
作與學校體驗中心顧問及兒童文
藝協會會員。從教40年，曾於
本港中小學、男童院及懲教署
執教。主要著作《小學中國語文
課程與教學》（與李子建教授合
著）及《圖解中國國情手冊》（編
輯）。曾擔任出版社之中文科顧問
及小學中國語文教材之作者。

假若我是梁游的老師

前陣子，城中人茶餘飯後的焦點是梁游事件。

話說某天上茶樓，同枱的一眾茶客，也在討論這
兩位「小學雞」，討論的除了他們「小學雞」
的行為外，更涉及二人的背景。原來二人出身名
校，提及此事，話題便從他們的行為，轉到他們
的老師身上。當中一人提出一個問題：「他們的
老師，會有什麼感受？」另一人作出回應：「教
師是山，學生是水，山光水色，互相映照。他們
的老師，大抵也是 ABC，不過這個 ABC 是香港
是 Any country But China 的 ABC。」好一句為
老師扣上亂臣賊子帽子的批判，直把「教師是太
陽底下最光輝的職業」的光輝除下，把筆者在不
同場合聽到的「教師是育德育人，文化承傳的使
者」、「教師是學生成才道路上的一塊石板，是
教育長城的一片磚」等對教師的歌頌一掃而空。

的確，學生的非理性行為，禍及教師的名聲，傷
及教師的心，其程度之大，等同父母。筆者心
想，這兩位「小學雞」，系出名門，作為老師，
若要就「高足」的行為寫「感言」，會寫些什
麼？假若筆者是他們的老師，我的感言是「為人師
是幸福與辛酸的交織」，這在名校當老師尤甚。

若說老師是受人尊重的職業，名校老師更受人尊
重。因為名校是「十優搖籃」，名校老師被視為

作者從梁游事件中思考教師的使命。（亞新社）

極有能力把家長們送進學校的孩子，變成大學精英、社會棟樑。可現實是每位學生不一定是念大學的料，而成績並不能代表學生的表現前提下，名校老師在傳授知識和學習技能的同時，也要為學校發展靈育、思維、創新、道德、價值、操守等的教育理念，以保學校的排名。他們面對校方及家長們要求高「入U率」，保持學校聲譽的辛酸，實不足為外人道。當然，名校老師，其學養與師德備受社會人士的認同與尊重、名成利就的校友在社會上的成就，身為「狀元的老師」，那種幸福感是非筆墨所能形容的。

教師的光輝和感言

談到教師感言，出現在各校的校慶特刊上的教師感言，大概是「我們堅信，人人可教……」又或會是「我一直覺得，能夠在這兒從事教職是一件樂事，我在這兒明白了教學相長、團結與關懷的真諦，我會惜福、感恩……」這一類的感言。這些感言，也許是真的，卻又是千篇一律，讓人看得有點膩，也讓人覺是「行貨」。

筆者曾經看過一些老師的真實感言，當中一位單身老師的感言是：「星期一至五上班，星期六日帶隊帶camp、長假帶exchange，新年仲有年宵檔，恭喜恭喜！面對此等工作機會，單身同工當然有絕對地相對優勢，

被睇好領旨（記住記住記住，教師點止帶一個課外活動咁簡單）。歸根究底，想想教師每天工作面對的是學生，其他則通常是已婚家長及大部分是女性的同工。長工時到無朋友、無時間照顧家人、結識新朋友（題外話，日常進修認識的朋友比較容易是同工……）。拍拖，食得ga？」

另一位教師感言是：「在這兒教學，就等如帶蝸牛去散步，這些慢吞吞又不聽使喚的蝸牛，真教人氣炸，對蝸牛抱怨？則被視為沒有教育理念。唯今之計，是主客易位，讓蝸牛帶我去散步吧！」

曾經有人說過，老師是伯樂，學生是千里馬。其實，無論是千里馬之於伯樂，還是伯樂之於千里馬，都是以自己的目標，慧眼找尋識自己的英雄，這要求伯樂與馬都要有明確的目標，有識英雄之心，才倍增自己的價值。可惜的是，目下香港的教育目標，讓教師難當伯樂，學生也從千里馬變成千里牛。

感言的可貴，是說出真的感受。筆者終身從事教育工作，對教育的感受是：教學平淡。教學不會有可歌可泣的閃光，也不會有悲壯輝煌的精彩。融入平淡教學生涯的是師德，師德是平淡的水，真水無香，只能自身感受。

師德水準，影響國民素質。各位同工，我們在研習教育理論，爭取教育資源之餘，是不是也要強化我們的師德？

2016年12月7日

為師之夢

候任行政長官，以雷霆萬鈞之勢，高調承諾增加50億元教育經常性開支，以優化及改善教育，當中部分撥款或會用於改善幼師的薪酬及增加常額教師的職位。這新增的50億元教育經常性撥款，給教育行業帶來了一個春天，也讓高中同學思考投身教育，因為當老師也確實是一份有意義的工作。

筆者記得當年在教育學院任職時，每年都參與面試新同學的工作。慣常向考生提問的問題是「你為什麼選擇入讀教育學院？」通常的回應是「我很喜歡小孩。」「我覺得教師是一份有意義的工作。」「當老師是我的夢想。」但當問及他們的「為師之夢」的時候，很多考生大多都支吾以對，答不出所以來。

對於為師之夢，不同的「師」有不同的夢。孟子的為師之夢是「得天下英才而教育之」（《孟子‧盡心上》）。可若你的為師之夢也是「得天下英才而教育之」的話，除非你是名校老師，不然要「得英才而教育之」，這必定一個難以「圓」的夢。

有資深教育工作者的為師之夢是「才俊夢」。他夢想能為同學的規劃職志，冀望同學能在學校為日後的職業打下根基，並有良好的發展，成為行業的才俊。期望學生成為「才俊」，多麼美好的夢，多麼長遠的夢。在講求效率與實際利益的教育，他追夢的結果是「誰伴明窗獨坐。我共影兒倆個。燈盡欲眠時。影也把人拋躲。無那。無那。好個淒涼的我。」筆者覺得「為師之夢」實際點，也得有層次點。是故「為師之夢」，該視乎我們的學生及我們對教育這「職業」或「事業」的取態而定，不應單單以理念作為「夢境」。

幼稚園老師的為師之夢

據去年聯招的資料，要入讀教育大學的幼兒教育課程，平均90人爭一個學位，其競爭的激烈，較爭取入讀醫科更甚。能成功於千軍萬馬爭過獨木橋而抵彼岸的人，在入讀之後，必定有清純而高尚的「夢境」，這「夢境」是「建造孩子快樂的童年，把學校生活幸福化」，是故幼稚園老師的為師之夢，該是「創造幸福」，而追求幸福同樣也該是幼稚園教師的職業夢。

小學老師的為師之夢

在香港，小學老師享受着政府的薪酬架構，雖有部分老師是合約制的老師，但筆者相信隨着50億元的常額撥款及班師比例的改善，合約制老師最終會變為常

為師之夢可能是「學生喜歡，家長滿意，學校認可」。（Pixabay）

額老師。小學老師是實踐基礎教育的第一前鋒，他們明白自己的責任是培育學生的終身學習能力及進行生命教育。他們深知他們在在影響着學生的自我價值和學生在學習的道路上的發展，是故他們的「為師之夢」雖或因學校的要求而略有差異，但他們的夢境還是「教好學生」。然而，隨着家長的不同要求，雖然目前他們的「夢境」依舊，卻有部分的小學老師的「為師之夢」正在朝「圓家長的夢」而改變，甚或已成為莊周的「蝴蝶夢」。

中學老師的為師之夢

除了直資中學的老師外，本港大多數的中學老師和小學老師一樣，都是享受着政府的薪酬構，這足以讓他們享受一定的物質生活。大部分中學老師來自本港

的名牌大學。他們的學生已不是小孩，是開始了解自己，但沒有人生的計劃，對自己的前途迷茫的青少年。可中學老師卻圍於緊迫的課程、DSE的要求及不斷的教育政策的要求下，他們的對工作的基本態度主要的工作是「教書」。說他們沒有「為師之夢」也可能不對，但他的為師之夢可能是「學生喜歡，家長滿意，學校認可」，而不是「人生的追求」的夢。

大學老師的為師之夢

大學老師的地位超然，他們被人尊為「學者」。他們的「為師之夢」也是「學者之夢」，以發揚自己的專業領域及主張的接班人作為「為師之夢」。

教師，本是「捧着一顆心來，不帶半根草去」的職業，上輩子的人以「破舊的棉襖」形容教師的職業──一份只可令你溫飽，不會帶給你腰纏萬貫的工作。但為何還有人仍然要當老師？這就是他們有夢想。他們的「為師之夢」是「承傳中華文化」的「中國夢」。「如詩、如畫、如夢」，「夢」既是與詩、畫等量，看今天香港的情況，筆者希望有志投身教育的年輕人，在踏足教壇前，都懷有和「詩」、「畫」等值的「植根中華文化，返本以開新，安身以立命」的「為師之夢」。

2017年6月29日

作者簡介

余錦明，持有文、理、商、社會科學、教育學位及哲學博士，以多元的形式服務香港、澳洲及紐西蘭教育界。不時穿梭三地，於不同地方參與當地的教育服務。現為香港數所幼稚園、小學及中學校董及課程顧問。在澳洲致力推行幼兒教育師資培訓工作，並安排不同亞洲地區的在職幼師到澳洲進行專業發展及行政管理工作交流。此外，亦身兼紐西蘭Auckland International College之學校發展職務，並透過多邊合作的方式在不同國家進行國際文憑課程組織（International Baccalaureate Organization）課程的實踐。

在風雪中再看芬蘭教育

筆者上月底再次到訪芬蘭，亦安排了參觀一所幼稚園，本打算早上8時便到該校看看幼稚園整日的流程，但一場頗大的風雪把原定的計劃徹底改變了。

因應環境的改變而調適課程

10月26日早上，芬蘭赫爾辛基下了一場大風雨，這場風雪來得太突然，連當地人也大感意外，我們訂了的車也因為沒有換上雪地用的輪胎而未能及時到酒店接載我們到學校。

我們最後遲了出門，到學校時已9時多，錯過了學校的早餐、自由玩耍和朋友圈的時間。我們步進學校時，只見大部分學生也跑到戶外欣賞雪景、堆雪人及進行各種跟下雪有關的個人及集體活動。我於是問問身旁的教師：

1. 為什麼讓孩子跑出課室玩樂？
2. 他們會玩多久？
3. 這樣做有沒有影響原初的教學計劃？

教師聽了我的疑問後，便很喜悦地回答我：

1. 孩子們正進行Play and learn 環節，這環節每天歷時90分鐘左右，是主要的課程環節。
2. 孩子們在這90分鐘內能盡情的玩，因為他們對突如其來的天氣產生興趣，本着這份興趣，他們會更有學習動機和好奇心去經歷和探索。

孩子歡天喜地在雪地上邊玩邊學。（作者提供）

3. 教師原本準備了另一教學主題，但卻深信原本的主題不會比下雪更吸引和更生活化，所以也只好調整一下教學主題了。

我於是看着孩子在雪地上邊玩邊學，間中又回到室內，看到有些孩子選擇留在室內，有些孩子從課室的玻璃窗看着雪景，更有些孩子在砌積木。我對一些砌積木的孩子很好奇，於是便透過教師詢問他們為什麼在砌積木。他們便告訴教師他們想製造一輛鏟雪車和一個火爐，期望能為人們提供生活上的方便和溫暖、舒適的環境。

先體驗後思考

大約一小時後，孩子們一一回到課室及圍着教師而坐。教師先問他們做了甚麼和有甚麼有趣的發現，孩子們便逐一興奮地回答，期間教師卻因應孩子的分享提出了以下的問題：

1. 雪是甚麼東西？
2. 我們能把雪帶回課室，永遠擁有它嗎？
3. 為什麼雪會變成水呢？
4. 把雪放在手上，有什麼感覺？
5. 如何可減少冰冷的感覺呢？

6. 如道路上也充滿雪的話，這有什麼不方便呢？
7. 如何可減少道路上的積雪呢？

教師透過一連串的提問，讓孩子分享他們的看法，期間不時引用孩子的經驗，甚至亦使用到一些孩子製作的鏟雪車及火爐模型積木作學習的引導。這一節課，讓我看到孩子玩得很盡情，學得很高興，玩樂後的一節圍圈分享(circle of sharing)，讓孩子互動分享，進行深入的反思及建構知識。

課程是生活，要學習先要體驗

這節課也讓我活生生地看到一些很重要的教學理念，其一是課程乃生活，所有重要的生活事件也應納入課程，這樣才能捕捉學生的動機，把學習與生活聯繫起來，提高課程與生活以致社會的關聯性，從而引發學生進行一些關愛別人的行動，例如學生製作火爐和鏟雪車，以提供方便給其他人。

而另一重要的教學理念是：學習的基礎乃是體驗，讓學生在教師指定或設計的教學環境下學習，先投入參與再進行分享、提問及引導，可讓學生一步一步地建構知識，讓好奇心慢慢變作對世界的理解及看法，甚至是一些幫助別人的意願和行動。

這次突如其來的風雪，讓筆者對芬蘭教育看得更多和更深入。

2017年11月7日

學生通往世界著名大學的橋樑

奧克蘭國際學校是全紐西蘭唯一為全體學生提供IB課程的高中學校。（作者提供）

十多年前，一位熱心的朋友在紐西蘭奧克蘭辦學。一向熟悉中學教育的他，很自然的選擇了開辦一所高中學校。對教育有視野的他，選擇了當年還不太多人認識的IB課程（International Baccalaureate）作為學校的唯一課程，並創立了全紐西蘭唯一為全體學生提供IB課程的高中學校，並把這所學校名為Auckland International College（奧克蘭國際學校）。

課程的宗旨和內容

該學校選擇採用IB課程的原因，是這個課程體系結合了世界不同課程的長處，它一方面不僅堅持很高的學術標準，也要求學生對社會科學和世界有深入的了解，其課程宗旨亦希望培養學生的社會責任感及組織能力，並加入了對各國文化的尊重，並要求學生了解和熱愛不同的文化，成為放眼天下的世界公民。

為拓闊學生的世界觀，學校也要求全體學生修讀雙語課程。每位學生一方面要學習深入研究自己的母語及文學名著，而另一方面要學習第二語言。在人文社會學方面，每位學生亦要從經濟、地理和歷史選修一科；在實驗科學方面，學生可從生物、化學及物理選修一科。至於數學科方面，學生可因應自己的能力選修高階或標準課程。最後，學生更可選修藝術、第三語言、人文社會學或實驗科學其中一門課程，作為第六門課程。而在六門課程中，

學生可按照自己的能力選擇三門高級課程及三門標準課程。

三門有創意的核心課程

為培養學生的獨立思考能力，良好的學術研習能力和社會的責任感，IB的課程體系設有三門富創意的核心課程——CAS，TOK及EE。CAS是Creativity，Action and Service的簡稱，其宗旨在於讓學生發展另類所長之餘，亦能親身體驗服務他人和社區。而TOK是Theory of Knowledge的簡稱，其設立的目的是訓練學生的批判及反思能力，以便能靈活學習，並能養成獨立思考的習慣。最後的一門課程EE的全稱是Extended Essay，旨在讓學生養成學術研習的撰寫學術報報告的能力。

修讀IB的準備

學校有鑑於IB課程的難度和對學生帶來的挑戰，於是便自行研發了為期一年制的IB預備課程，該課程主要為希望學習IB課程的學生熟悉IB的系統，涵蓋了六大類課程的導引，為學生修讀兩年制IB文憑課程打好基礎。

為學生建立一道通往世界名校的橋樑

要達到為學生提供多元化升學的目的，學校為學生提供了美國、加拿大、英國、澳洲及亞洲的升學顧問，讓學生透過與不同升學顧問的接觸，訂立自己的升學目標及計劃，並透過升學顧問的指導，一步一步地向着自己的目標邁進。去年，該校的90位畢業生共取得近400個全球50家著名大學的取錄通知書。

奧克蘭國際學校的成功原因

學校能取得這麼優異的成績，主要是在於校方能堅持專注IB教學，讓專門化的辦學方針能達致優異的學生成績。此外，學校在升學輔導方面的人力資源投放也是十分重要的，因為這個升學顧問團隊正為學生提供不少生涯規劃上的協助，讓學生發現自己的需要，並朝向個人的升學目標努力進發。

學校的另一個成功原因是它能打破傳統，採用北半球的考試時間表，讓學生投考5月份的IB考試，並在7月份取得考試成績，以減輕紐西蘭學生在報讀歐美大學時出現不利的情況。最後，學校能廣泛地錄取不同國籍的學生亦是一個成功關鍵，這樣可使各國優秀學生間進行良性競爭，形成了良好的學習環境及氣氛。

從朋友的創校經驗可看到一所成功學校的配套因素。因為大家理念相配合，筆者更有幸加入了這所學校的團隊，並計劃把學校的成功經驗推廣至中國內地，一起共創前路。

2017年9月4日

作者簡介

陳偉倫，教育評議會副主席，特別關注於學校組織及領導、學生成長、創意培育和藝術教育。畢業於香港教育學院、理工大學設計學院、公開大學商業管理學院及中文大學研究院，現於美國東北大學修讀組織領導教育博士課程。任職於國際學校，曾任直資中學副校長及助理校長、資助中學視藝科主任及訓導主任、理工大學及中文大學客席講師。曾為香港藝術發展局（藝術評論）審批委員，現為非牟利藝術團體art-at-all主席。於2015年與友人創辦香港傑出學生藝術家獎，推動本地藝術教育及青年藝術家的發展。曾主編書刊《P for Portfolio 創意作品集學與教初探》、《發明＋生活＋創見＋創意＋創造＋創新＋教育…》及《學校新藝術》。

順應大勢
讓香港教育起飛

本地不少國際學校，如香港國際學校（提供美國課程）、加拿大國際學校、法國國際學校、日本人學校、新加坡國際學校、韓國國際學校、澳洲國際學校等，成立的目的是為在港的國民之子女提供與其祖國銜接的課程，並讓他們學習所屬國家的語言和文化；為有意來港發展的外國人，在無需擔心子女教育的銜接問題下，安心來港。

香港教育落地粵港澳大灣區

回顧80、90年代的香港，不少港人隻身北上到內地工作，家庭成員分隔兩地，造成不少家庭和社會問題。當時甚少港人選擇舉家北上，箇中原因各異，但未能為子女找到與香港教育銜接的學校就讀必是原因之一。近期，粵港澳大灣區發展成為熱話，再次掀起港人北上發展的期盼。港人要安心地舉家北上發展，避免因家庭成員分隔兩地，造成家庭和社會問題，香港教育能否在大灣區落地，為區內港人子女提供與香港銜接的課程最為關鍵。

建立華文學校的認證制度
讓華文教育走進國際

環看國際，學習中文近年成了熱潮。美國總統特朗普的外孫女以普通話背誦唐詩、三字經等的片段，相信不少人也看過。早前更有報道指

現今，中國已成為亞洲第一、世界第三的留學目的地　（Shutterstock）

一所位於英國倫敦肯辛頓的私立小學，因標榜其畢業生能說一口流利中文而大受當地家長歡迎。現今，中國史已成為亞洲第一、世界第三的留學目的地。加上國家正積極推行的一帶一路，不少華人將到相關國家投資和發展，當地人亦會因而希望子女學習中文。看來，在海外增設華文學校，為到海外工作的華人之子女提供華文教育，讓他們安心地舉家往國外發展的同時，亦讓外國兒童入讀，有系統地學習中文和中華文化，將大有需求。然而，華文教育要成功地走進國際舞台，先要制定系統化的課程與制度化的學校管理準側，讓學校有法可依。下一步是成立如 Council of International School（CIS）或 Western Association of Schools and Colleges（WASC）般的學校認證機構，讓世界各地的學校透過評核取得華文學校認證。如認證制度能建立認受性，世界各地的學校將爭相進行認證，以吸引家長為子女報讀。

把握大勢 本地教育將獲益良多

如香港教育能在粵港澳大灣區落地，華文學校能在世界遍地開花，香港教師就不再局限於香港任教，發展空間無限，教育專業亦不愁沒有高素質的年輕人加入。曾出外任教的教師，回港後又會為本地學校和學生提供新視野，香港教育將會獲益良多。可是，無論是香港教育在大灣區落地，或是建立華文學校的認證制度，均非簡單任務，必須教育局理順相關政策，並大力推動。在這大時代，順應大勢，帶領香港和華文教育進入新時代，我們的教育局準備好沒有？

2017年11月23日

作者簡介

梁鳳兒，畢業於香港中文大學，主修地理，副修社會學。曾從事商業及志願機構，後轉投教育界，並獲香港中文大學教育行政碩士學位。早年主要執教地理科，新學制實施後改教通識科。曾任高級程度會考地理科及中學文憑試通識科閱卷員。2010年獲海華師鐸獎。2014年1月起出任天主教鳴遠中學校長。服務政府輔助部隊近30年。2013年起加入教育評議會，擔任執行委員及曾任協助《教育現場》的編輯工作。

校長邀請賽

10月16日大清早約30位中、小、幼校長於中港城碼頭集合，大家一身運動裝扮，浩浩蕩蕩地前往澳門松山參加澳門中華教育會慶祝中華人民共和國成立67周年暨澳門特別行政區成立17周年第27屆教師環山賽。我們參加的組別是校長接力邀請賽。

到達場地松山時，但見人頭湧湧，不同組別教師充滿精力地參與比賽。不過，這是一個非常平易近人的比賽場地。因為這裏沒有劃定的比賽區域，各參賽健兒與行人共同使用行人徑，參賽健兒有的勁跑、快跑、慢跑或是緩跑；而行人亦有一邊高聲暢談，一邊做運動，大家各適其式，各自各精彩。

山中賽跑 神清氣爽

在賽前，我與隊友跟大家行一圈作熱身。繞山一圈約為1600米，當時感覺到路很漫長。每隊四人，跑兩圈，即每人要完成800的路程。比賽開始了，我負責第二棒，起初的百多米尚有力量在行人中穿梭慢跑，並不時提醒自己注意步幅及均衡呼吸。不久，聖母聖心會修士超越我時和我打招呼，我當然請他不用等我，着他快快跑。也不知何時開始，我的腳開始提不起，並氣喘如牛。啊！還有很長的路程，該如何是好？

此時，我想起了平日自己對學生的訓勉，只要是對的事情，便要盡力做好，要有堅毅精神。同時，我又記起觀課時體育老師教導學生長跑的呼吸方法，吸氣兩下，呼氣一下。再者，我在張望四周，尋找剛才熱身時的景物，希望盡快到接棒區。就這樣跑呀跑地快到了，有領隊謝校監為我打氣，周校長亦大叫我加油。真奇妙，腳步真的自動加快，手也不自主地加速擺動，看準了隊友位置便立刻交棒。領隊候校長過來問候，工作人員也遞上毛巾，令我感激。雖然當時身體非常疲倦，但心靈卻非常充實，精神上更感覺如釋重負。

有伴同行 旨在參與

賽果如何？參賽15隊中，我們得第13名。我們自我安慰說15隊中只有兩女子隊，所以我們已是女子隊的冠軍。當然公開邀請賽並沒有分男子組、女子組，或是混合組。或許有人會說這樣不大公平，不過在報名參加時我們已知道賽例。另外有人可能覺得沒有一個正規的賽道會影響比賽結果，同樣是當初報名參加時已知道比賽的安排。所以，大家也不會去計較，相反大家就趁此機會在輕鬆的氣氛下去盡力完成比賽。因此，天氣的好與壞是決定於人的心情，即是說「景隨心轉」。當我們面對工作上的困難時，我們可以認為它是一個挑戰讓我們繼續成長；相反困難可能是一個

澳門中華教育會慶祝中華人民共和國成立67周年暨澳門特別行政區成立17周年第27屆教師環山賽。（作者提供）

負累使人失敗。積極正面的心態可以令人的心情改變，盡力去解決困難。我認為作為老師，我們要教導學生懂得分辨是非，懂得包容，懂得管理自己情緒等等，讓學生人生路上風光無限。

其實這也是一個很好的機會，讓校長在繁忙的工作生活中，有一些目標去鍛鍊一下身體，因為健康的體魄是非常重要的。有了健康的體魄，便有足夠的力量去應付繁重的工作。還有可以作為一個良好榜樣，教導學生注意身體健康。另外，在比賽過程讓我重溫有伴同行的重要性，同伴的鼓勵使我跑得快一些。同一道理，學生成長過程中，老師要注意幫助他們學懂與人相處和合作。因此，學校時常舉辦不少活動，製造平台和營造氣氛讓學生探索與人相處的方法。當中最重要是教導學生真誠待人和尊重別人，這些良好品德會讓他們對自己、對家庭、對社會，及對國家有好處。

2016年10月19日

作者簡介

陳章華,現為中華基督教會方潤華小學校長。2000年投身教育界,2015年始擔任校長。早年於香港大學取得教育學士(應用資訊科技於教與學),其後繼續進修,先後取得漢語語言學碩士及基督教研究碩士。近年來較多關注教育政策、課程發展、語文教學、學生成長等課題,並曾就有關課題及政策發表文章。

薪火相傳

近日有一套以教育題材為背景的電視劇集上映,當中說到一個被殺了校的校長,如何秉承父業,接收一間面臨結束的專上學院。當中很多情節當然是虛構的,但也有不少地方能夠反映現實。其中有一節說到一位私人補習老師,很希望做一個在學校裏教導學生的教師。劇中角色所表達的強烈渴望,令我不禁向太太說,現在還有這些「熱血」老師嗎?

第一本屬於自己的圖書

這讓我想起一件很久遠的事,那時候我還只是個五年級生,某天夜裏,頸很痛,但是也不知什麼原因。那時大概12月初,手和背已經因為痛和麻痹,令頸部不能轉動,睡覺起床已經不能直起身子。於是母親帶我進醫院,一住就個多月了。住院期間,大概是聖誕節學校放假的日子,有一天,班主任帶了兩本書和一本兒童雜誌,以及同學的心意卡來探望。那是第一本屬於我自己的圖書⋯⋯

小時候家境不富裕,父母顧着幹活,沒餘裕買玩具給我們,所以我沒有屬於自己的玩具,閒時都是和兄弟姊妹到街上和其他街童追逐玩耍,自製玩具自娛。因此當手拿着一本屬於自己的圖書時,實在愛不釋手,十分珍惜。直到目前,我還

是把此書放在書架的當眼處，好讓自己可以隨時拿出來，告訴我的孩子。

長大以後，教書並不是我的首選，但後來誤打誤撞的入了行，花了一段日子才醒覺自己原來喜歡教學和孩子，他們的笑和言語最美。那時腦海中漸次浮現出小學老師教我們語文時的影子，那時的情景，老師的教學方法，動態和言談的細節都變得鮮靈活現。我也是在工作以後，才開始真正學習，喜歡上語文和閱讀，後來再三回溯追想，原來種子早已在小時候深深埋下，只是自己後知後覺罷了。原來自己走進教育界，希望教好學生，喜歡上語文以及閱讀等等，都並不是忽然而來的，而是透過往昔老師每天每日的教導，潛而默化地影響了我。我想「隨風潛入夜，潤物細無聲」大概就是這個意思吧！

恩師仍執教鞭

就在兩、三個月前，一時心血來潮，在網上隨手打上老師的名字搜尋，竟然找到相關的資料，而且原來老師仍然在教學。再到那學校的網頁一看時，找到一些相片，雖然不太清晰，但心中覺得那一定是老師了，於是即時通知一班舊同學，討論如何和老師相認，兒時的記憶又在對話中如舊電影般播放。

我原以為再也不會和老師遇上，以為她早就退休了，甚至不在香港，因我們一班同學也沒有她的消息，也沒辦法和她聯繫

孩子的笑和言語最美。（中華基督教會方潤華小學網站圖片）

上。世事如棋，也不知是什麼緣故，竟然會有這樣的發展，實在叫人意想不到。而令人更意想不到的是老師仍然手執教鞭，繼續為教育界服務。那時我在想，為什麼她仍然在教學？是什麼令她可以堅守崗位直到如今？後來相聚時我們便問她，她的答案很簡單，就是愛，她很愛小朋友，這使她繼續教學。在現今的世代中，因愛而教似乎好不現實，但我相信也知道，在這個教育界中，仍有不少老師在他們的崗位上繼續努力，教導學生。

老師的答案令我我又再想，我對學生的愛足夠嗎？我的老師們愛學生嗎？

我相信每一個年代，老師都不斷地影響一代又一代的人，可能很少會像電視劇角色般那樣慷慨陳詞，說自己怎樣怎樣熱誠，更多的是默默耕耘，用數十年的時間青春花在培育生命上，讓一個又一個的生命得以改變、成長，再影響他人。

新的學年，我又看見一批年輕的教師加入教育界，薪火又交到他們的手上了。

2017年10月10日

作者簡介

張海暘，土生土長香港人，曾任新聞工作者，後轉行當教師。十多年來在香港、韓國著名國際學校任教，熱愛語言教學，精通中、英雙語及文化，略懂韓語。先後畢業於不同專業，包括中、英文以及教育系，對商業管理、神學以及教育領導也有涉獵。曾為香港著名IB學府編教案教材，同時為註冊SAT監考員。在韓國工作三年期間，曾連續兩年籌辦全國性的中文老師研討會，與會者來自香港、澳門、新加坡、台灣和韓國，對不同體制具備多年經驗與心得。

從美國大選、港獨再看本地教育

身為教育工作者，面對美國的總統大選和近來鬧得沸騰的港獨風波，應該如何自處？如何應對？

懂得政治的前輩說過：就是因為懂得，所以不管。能有這樣的修為是一種境界，不容易做到。身為父母、人師，獨善其身也就算了，孩子們說起問到又該如何處理呢？

個人主見最為重要

當中必然牽涉到個人立場，而且我們說出來的，對下一代往往具備匪夷所思的影響力，萬不能掉以輕心！

筆者不想在專欄裏詳述個人對希拉莉和特朗普的喜惡。家中的孩子或班上的學生問起，我反而會鼓勵他們說說自己為何喜歡/不喜歡這個選舉的結果，說得愈具體愈好。能說出原因的，我一概予以表揚。說不出來的，我會鼓勵他們找出理由再跟我說。我堅持：老師的角色，其實不該再像從前般的一言堂說了算，而是從旁鼓勵、推動，從中建立孩子們的自信和世界觀。

如今港孩最缺乏的，就是個人的主見——人云亦云也就算了，最不堪的，就是出現那種既沒主見，又唯恐天下不亂的庸人。身為人師目睹了，心酸不已：這塊福地從什麼時候開始，充

政治必然牽涉到個人立場，而且我們說出來的，對下一代往往具備匪夷所思的影響力。（Hillary Clinton Facebook）

斥着這種素質的年輕人？世道不堪，人心衰敗，說穿了其實也是反映現今教育制度的一面鏡子。

對於港獨這課題，個人比較傾向於香港珠海學院學者陳文鴻博士的見解，他說：「港獨發展有內因外因，但內因不是真的港獨。因為他們從來不思考、討論港獨的發展步驟和治港模式。全無國際上獨立運動的性質……」換言之，港獨固然錯誤，但更不堪入目的是掌舵人本身的思路、邏輯與素質！

4月份看《新聞透視》，記者訪問港獨領袖，提到面對利益與犧牲時，該如何取捨？該負責人如此回答：「寧我負天下人，莫天下人負我。」如果由這樣的人去帶領一個團隊，甚或一整個地區的話，其後果之嚴峻自不言而喻！

經典《三字經》嘗言：「教不嚴，師之惰。子不學，非所宜。幼不學，老何為？玉不琢，不成器。人不學，不知義。」一個社會出現了這樣的人，先不說他們自身的品德素質，身為人師的我們絕對難以置身事外，更遑論獨善其身了。多年來不斷更新的教育改革，如果不能把學童對於國家的認識，以及個人情操的培養納為其中，學校的校長、老師要是不能正視這些現象背後隱藏的危機，我們香港人再去追求其他的理想也委實多餘。理想需要一代又一代的人傳承，可是當我們連培養下一代的前景也看不清楚的話，追求理想只能流於紙上談兵，欠缺實際意義。一個地方假如連夢想也欠缺，甚或不能追求的話，教育的意義、目的又何在呢？

身為同行，我很希望能知道那些曾經教育過港獨領袖的老師們，看到自己的舊生在媒體前的表現，到底有何感受？

2016年12月5日

作者簡介

黃智華，基督教香港信義會紅磡信義學校校長。從事小學教學及行政工作近20年，具有學校管理及領導、推動學與教發展、建立校風及學生支援系統，及提升學生表現等豐富及成功經驗。曾調職至教育局質素保證分部視學組，到不同學校進行校外評核及重點視學工作，故一直熱心推動校本課程、STEM教育及資優教育的發展。2016年迄今在小學數學精英大賽擔任主席，籌辦全港性數學活動。

啟動生命教育
譜寫生命故事

現今社會瞬息萬變，科技日新月異，青少年在成長過程中，經常會遇到困難，面對誘惑和逆境。學生身心的健康成長已成為重要教育議題。近年，各地啟動生命教育，目的是提升學生的生命素質，將來為社會貢獻一己之力。學生的生命力得到提升，在學校裏過得更自在和充實，他們的表現及成績就自然會進步。從教育成效的角度來看，這就是說服學校推行生命教育的有力論點。

啟動生命教育

《聖經‧箴言》二十二章六節智慧者之言：「教養孩童，使他走當行的道，就是到老他也不偏離。」表明了《聖經》看全人教育的目標，是使下一代走當走的路。生命教育與基督教教育有很多相似的地方，本校的生命教育，以《聖經》真理作基礎，參照德育及公民教育的學習重點，營造具生命力、愛和紀律的校園文化，建立學生與自己、他人、環境及天父的相互尊重與和諧共處之關係，培育尊重和珍惜生命的價值觀。

培育學生不能一蹴而就，要推動全校參與生命教育，我們謹以「HHLPS」（本校校名英文縮寫）為導向，發展學生的潛能，協助學生探索、尊重與珍惜生命。

H	Heart	我們盼望透過教師、家長及不同持份者一同攜手合作，以聖
H	Health	
L	Learn	經真理的教導，培育具「強心健靈、良好體魄、勤於學習、
P	Passion	勇於承擔及樂於助人」的新一代。
S	Servant	

整體規劃生命教育，鞏固關愛文化

本校按《聖經》真理培育學生的品德和正向人生，逐步將德育及公民教育課、成長課、成長的天空發展課程、生命教育主題課及戀愛通識課的學習內容，重新整合為校本生命教育課程，並以聖靈果子作為主題，將《聖經》故事及真理聯繫學生的生活經驗及成長需要，透過早會、校本課程、獎勵計劃、服務學習、班級經營及體藝活動等，從學習、體驗、實踐和反思中，認識生命的真正意義，培養學生的正面行為和正確價值觀，建立學生與自己、他人、環境以及天父的和諧關係，承擔「榮神愛人」的使命。

透過推行生命教育，扣連課堂學習、實踐體驗和學習氛圍，為學生提供全面而均衡的學習及成長經歷，深化家國情懷，拓展國際視野。

課堂學習以學生成長經歷為本

學生於小學階段已不斷面對挑戰和壓力，我們把握他們成長關口的契機，安排各級生命教育主題活動，給予適當的指導和建議。一年級的主題是「尊重生命」，透過保護雞蛋活動，讓同學們體驗生命的可貴與脆弱，需要愛護、尊重和珍惜。活

用《聖經》真理培育學生的品德和正向人生。（基督教香港信義會紅磡信義學校網站圖片）

動後，教師引導同學們反思和鼓勵他們要成為生命的好管家，為自己的成長負上責任。同時，讓同學們體會父母照顧自己的辛勞，所以要對父母心存感恩及孝順他們。五年級的主題是「積極」，透過中文科的圖書教學及體育科介紹李麗珊的奮鬥故事，引導學生學習不同人物的積極態度；主題課以短片和歷奇活動，帶領學生體驗積極的重要性，並以生活事件連繫個人的成長經歷，透過討論和分享，深化學生對生命的思考，澄清個人的價值觀和態度，同時，學習如何克服成長所要面對的困難和挑戰。

此外，本校編寫「我長大了」系列課程，照顧一年級學生的成長適應，從學習綁鞋帶、收拾書包、摺衣服及整理衣服中，建立自理能力。我們有策略地為六年級學生作好升中的預備，如參加香港城市大學之「城青優權計劃」，由城大學生義工擔任導師，指導小六學生預備升中面試及分享中學生活；並安排福音營，為學生提供豐富的「經歷為本」學習活動，讓學生從中體驗成功，探索生命的價值，加強面對困難、挑戰的信心及能力。

多元化學習模式實踐體驗

我們藉着全方位學習活動，安排多元化實踐為主的學習經歷，例如制服團體活動、義工服務、實地參觀及境外交流等，從觀察、體驗、反思和分享中，幫助學生建立正面的價值觀和態度，掌握各種生活技能。

全校推行「一人一制服團隊」計劃，學生分別加入四個制服團隊——升旗隊、幼童軍、交通安全隊和紅十字會，透過每星期集隊訓練、團隊活動及義工服務，擴闊學生的學習經驗，培育服從紀律和樂於服務的精神，提升自信心和責任感。同時，學校每年舉辦初試實力迎新賽、全方位戶外學習日、終極大比拼，通過四個制服團隊的較量，讓學生發揮團隊合作精神，增加對學校的歸屬感。

校內推行「一人一職」，設有不同的服務崗位，讓學生學習承擔責任及了解別人需要，培養樂於助人的態度。例如高年級學生擔任關懷大使，關懷和幫助小一學生適應新學習和成長環境。風紀員學習以僕人領袖態度服務同學，並作好榜樣，透過不同形式的訓練活動，如步操、歷奇和工作策劃等，訓練學生的組織和領導才能，並培育他們的責任感和承擔精神。本校安排團契、成長的天空小組及義工組去探訪老人院及幼稚園，自行策劃及組織活動，透過義工服務，讓學生了解社區內不同人士的需要，並坐言起行，實踐正面的價值觀和態度。

透過多元化的課外活動，豐富課外學習經歷，擴闊同學的視野及發掘個人興趣。在2014/15至2016/17學年，本校參加了康文署與劍心粵劇團合辦的「撐撐撐，撐起小宇宙」粵劇培訓計劃，成立了粵劇組，在

學生透過台灣生命教育交流團，從參觀景點、學習和體驗活動中，探索及反思生命的意義，建立積極及珍惜生命的生活態度。（基督教香港信義會紅磡信義學校網站圖片）

推廣校園粵劇文化及藝術之餘，亦希望學生在刻苦的訓練過程中，體會「台上一分鐘，台下十年功」的艱辛，明白成功需苦幹的道理。此外，我們着意透過比賽、表演及評估，培養學生的熱忱和不怕艱難，朝着目標勇往直前，發揮潛能，體驗成功的滋味。2016/17學年，同學在不同校際比賽中屢創佳績，共獲得個人及團體獎項近500項，當中包括：小學學界非撞式欖球錦標賽男子乙組盃賽季軍及丙組盃賽季軍；校際舞蹈比賽西方舞甲級獎；港澳盃香港數學奧林匹克邀請賽，奪得1個金獎、11個銀獎及77個銅獎，表現令人鼓舞。

我們重視生命教育中實地參觀活動，讓學生從觀察、思考和實踐的過程，鼓勵學生在生活中，持守正面的價值觀和態度。上學年，同學參加同根同心——河源的水利建設及環境保育之旅，透過實地考察河源水利工程的開發和保護，了解水利建設對經濟和民生的影響，比較粵港兩地在污水處理方面的異同，讓學生明白環境保育的重要性。透過台灣生命教育交流團，24位高年級同學與當地的學生進行學習和交流，從參觀景點、學習和體驗活動中，探索及反思生命的意義，建立積極及珍惜生命的生活態度。

校園氛圍

學校學習氛圍的營造，對推動生命教育擔當着重要的角色。除了師生交往應做到關愛和互相尊重外，我們更強調校園每件事，無論大小都應具有意義，並要從中實踐關愛及尊重別人等正面價值觀，正如《聖經》的教導：「凡你手所當作的事，要盡力去作」（〈傳道書〉9：10）。每年11月中旬，學校舉行成長禮，校長向三年級學生頒發領帶，與六年級風紀隊長在禮堂教授結領帶，

然後六年級學長以一對一的方式，在課室教授三年級的學弟學妹繚結領帶；從一個日常生活的小例子，讓大家學習成長及傳承的意義。以打領帶的口訣教導學生「右帶跨向左帶三次」，就如耶穌問彼得你愛我麼牧養羊群的故事般，鼓勵同學要立志成長，不再打「假呔」，而要打「真呔」。當學兄學姊們教授學弟學妹打領帶時，無論平日多頑皮的學生，在那一刻都變得肅穆認真，體驗了儀式帶來的傳承價值。

在課室層面，教師推行「班級經營」，將課室設置成學生成長和學習的「家」：劃分不同學習區域及放置多元化玩具，供學生自學及同儕玩遊戲；課室壁報細意地展示及表揚學生的學習成果，鼓勵學生積極學習及參與服務；為學生舉行慶生會，體現友愛和接納的態度。每年的清潔日，教師與學生一同清潔校園；每次旅行及參觀活動離開前，教師帶領學生自己垃圾自己帶走，身體力行，保護環境。

學生從校本課程、早會、班主任課、參觀及講座，學習及體驗生命教育課題，教師引導學生以積極及正面的態度，為自己訂立「好學生獎勵計劃」的個人目標，身體力行實踐所學，不斷追求卓越。同時，加入家長評核部分，教師和家長藉此計劃正面鼓勵學生的良好行為和表現，強化他們的自信心。

父母作為孩童的第一個老師，家庭教育與學校教育互相配合，對有效推動生命教育尤其重要。學校藉多方渠道與家長保持密切的溝通和聯繫，善用外間資源，舉辦講座和工作坊，幫助家長認識生命教育，凝聚力量，共同攜手培育學生健康心靈和有

同學參加同根同心到河源水利建設及環境保育之旅。（基督教香港信義會紅磡信義學校網站圖片）

效成長。同時，本校鼓勵親子參與社區活動，促進親子互動及回饋社會。

校友會與本校緊密合作，支援母校的發展，知名校友更擔任畢業禮及頒獎禮的主禮嘉賓，分享自己在學時期美好的校園時光及生命故事，勉勵師弟師妹在學習和成長方面，追求卓越。此外，校友們每年均參與及支援運動會及賣物會等活動，與師生共譜難忘的回憶，給學弟學妹樹立回饋母校的好榜樣。

鼓勵同學立志成長，學習打真吠。（基督教香港信義會紅磡信義學校網站圖片）

以生命影響生命

每一個學生都有獨特性和不同的恩賜。我們尊重每一位學生，幫助他們發揮潛能，各展所長。在生命教育中，本校強調師生一同成長，教師以身教實踐，達致以生命影響生命。教師們明白要為孩子照亮道路，自己需要先發出光芒。我們通過教職員會議，建立共同願景及清楚制定生命教育的方向，並促進學生的學習和成長；透過專業發展活動，如邀請社福機構講解推行生命教育的意義、友校分享推行生命教育的校本成功經驗，提升全校教師推動生命教育的意識、動機。本校積極參與由教育局舉辦的「協助小學規劃生命教育計劃」，完成教師專業培訓課程、台灣生命教育交流及分享活動，並與專家商議生命教育主題課內容，交流經驗，組織學習社群，加強推行生命教育的能力。

譜寫生命故事

生命教育正是教育本質，尊重孩子，伴着成長，讓每個孩子經過適切的啟發和引導，找到最適合自己的路向，陶鑄健康的心靈，譜寫一篇又一篇動人的生命故事。本校推行生命教育以來，學生的品行和素質不斷提升，學業成績及校外比賽表現顯著進步，孩子的強項得以充分發揮，積極開發自己的潛能，形成正確的價值觀，從而愛己及人，以至關懷社會，得著豐盛的人生，這就是說服學校、教師及家長啟動生命教育的有力論點。

2017年12月6日

作者簡介

翁美茵，中華基督教會基法小學校長。畢業於香港中文大學教育學院學士及碩士課程，主修課程與教學，亦於建道神學院修畢神學文憑課程。曾任小學課程主任十年，並於台灣及本港與中港台學校分享整體課程規劃、資優教育、德育課程規劃及電子教學等。過往多年曾應邀參與課程改革評估關注小組及教師持續專業發展會議，近年多關注及分享家長教育。2016年起加入教育評議會。

真的要想小學半日制？

近年隨着家長對學制、考試有不同的想法，在互聯網上的家長討論區都出現不同的建議或要求。其實每當政策走到一定步伐時，問題或困難自然會浮現，只要我們抱持開放的態度，廣納意見，從多方思考，這也可以是優化之良機。有不少網上討論區都有家長表達期望小學重回半日制，還給孩子一些快樂的時光。筆者不禁慨嘆為何全日制就是不快樂？全日制不可以快樂嗎？問題究竟是學生在校園生活不快樂，還是在校園以外不快樂？只把留校時間縮短就是解決問題的方法嗎？從世界其他的城市作參考，英國、德國及美國的學制多以全日制為主，芬蘭就多以半日制。因此，學制在不同地區都可以被社會人士及家長所接受與認同。關鍵其實是孩童在校園內及校園外的生活是甚麼？

社會普遍人士對小學全日制的期望是甚麼？筆者從數個網絡上的家長平台發現一般對學校都有以下期望：能提供知識、能培育良好品德、能提供多元化活動、午膳吃得輕鬆、小息午息可以休息、在學校完成功課、學校能提供境內參觀，亦可以有境外交流……

回到現實的社會之中，現時知識層面在小學教育所要顧及的範圍豈止昔日半日制的科目？隨着互聯網的出現，品德的培育又豈止是肉眼所見的行為？

有家長表達期望小學重回半日制，還給孩子一些快樂的時光。（灼見名家）

再說所謂的多元化活動，現在所提的更不是昔日的跳飛機、田徑等訓練。若孩童只是學習，而沒有獲取獎項，表現平庸不太出色，普遍家長及學生又是否滿意？

愉快就能解萬事？

我又嘗試反問一句，如果學校只提倡愉快，而學術知識放輕下提，一眾的社會人士又是否滿足學校的素質呢？學校又會否只淪為出色的活動中心？因此，現在社會對學校的期望既是要提供一定的學術素質，亦需達至不同的多元化期望要求。

可有出路？現時一般官津學校的每班師生比例在1:25至1:33的範圍之內。學生在全日制的學制內就是要達到上述多元化的期望或要求。因此在討論全日制與半日制的同時，我們應該重新審視全日制的價值及整個課程的安排。我們需要深思理想與現實的落差，我們也要讓社會對教育有認識、有理解。家庭與學校的合作是一個微妙的關係，不同背景的家長對學校的要求或期望都有不同，每個家庭能提供給子女的也是不同，身為家長的我們又可否容許自己的小朋友享受成長中的沿途風光？如果不能，責任全都在學校？

隨着香港的發展，在這個小小的地區之內，家庭結構可以算是複雜的。不同背景成長的家長對學校的要求不同，對能提供給子女成長的條件更不同。不難發現有些學生放學後就到補習中心學習，目的除了完成家課之外，還需配合雙職家長的放工時間。試問如果他們只接受半日制的上課模式，整個下午不能獨留在家，他們在補習中心的時間將會更長，或許這比在街上流連的好。從另一個角度又看，有些具有天賦潛能的學生，不惜為着另一目標在放學之後再加時訓練數小時，每天如是，對他們小小的年紀又真是休息不足。其實全日制學校與半日制學校都有其好處，但似乎現在家長很難覓得半日制小學。回看幼兒教育，為了配合家庭需要，有的上午班、有的下午班，也有的全日班，家長可各取所需。如果小學再次出現半日制，家長在另一方面需要配合的又是甚麼？我們必須堅信，每個孩童的成長步伐都不一樣，揠苗助長只會令孩子失去興趣，在失去興趣的情況下就會失去動力。即使有短期的果效，亦將易於消失。若沒有短期果效，即容易造成挫敗。

教育談何容易，我們要的絕非頭痛醫頭、腳痛醫痛。教育自古以來都是一門大學問。家校要能合作，就是要推行全面的家長教育，讓政府、學校及家長都在了解教育的前設下共商政策。

2017年11月9日

作者簡介

楊永漢，孔聖堂中學校長，兼樹仁
大學中文系助理教授。1982年畢
業於香港樹仁學院（今樹仁大學）
中國文學及語言學系，旋入新亞研
究所攻讀，得歷史學碩士、博士
學位。1994年負笈英國洛定咸大
學 (University of Nottingham) 進
修教育學，1997年得碩士學位。
其後再獲香港大學社會工作碩士、
中文大學宗教碩士及北京師範大學
文學博士學位。曾任教於香港城市
大學、新亞研究所兼碩士生導師、
澳門大學、樹仁大學及香港大學專
業進修學院。《新亞論叢》、《孔
聖堂詩詞集》及《全漢昇先生百歲
誕辰紀念論文集》主編。著作包括
《論晚明遼餉收支》、《虛構與史
實》及多篇已刊學術論文。創作有
《四知集》（合著）、《寢書樓詩
詞集》。

社工生涯

初任教師時，入了輔導組，與學生關係非常要
好。由於學生偏向自覺，很多事情發生，只要與
他們細談，學生就會作出正確的選擇。千禧年
前，學生的喜好與待人接物的態度出現很大的改
變，家長對學校的尊重度亦有相對減弱的跡象。
從前見家長，一般是認為自己子女有問題，往往
帶有「抱歉」的心情來見。後來有部分家長，是
帶着「討伐」的意識來訪。我曾經遇見一位家
長，見面時放下錄音機，說是要用作將來的證
供。最後，學校索性安裝攝錄機，家長要求時攝
錄。當時我對輔導手法一知半解，故在2000年，
報讀了港大的社工課程。這課程的開展，直接改
變了我對學生的態度，也使我更深認識青少年成
長的困惑。

由於平日要回校上課，900小時的實習，就利
用我三年內所有的假期。我曾實習的機構包括
學友社、家福會，救世軍青少年中心，負責的
項目包括5-12歲小朋友的勇闖高峰小組訓練、
高中生的領袖訓練、街頭表演、歷奇訓練、接
觸夜青、照顧新來港移民、婦女奮進小組、大
型會議及工作坊等，令我的生活經驗與眼界，
提升到另一層次。

領袖訓練中的情緒管理環節，我設計了三個情

接觸夜青是很好的經驗。（Shutterstock）

境，效果出乎意外。其中一個是「怪獸會議」，我預先要求部分組員蓄意搗亂會議，令主席不知如何處理，最後主席發了大脾氣。此時，我才說出這會議的目的，就是訓練組員要控制自己的情緒，大家才恍然大悟。

對低下階層有同情感

「接觸夜青」是很好的經驗，我出身徙置區，對邊緣青少年沒有多大的感覺。最令我出奇的是，當我說出我是社工學生，大部分邊青都對我頗接受。在青少年中心工作更是難忘的經歷，我每星期負責安排活動和小組訓練，中心有學生義工，每個同學都親切難忘。對付奇奇怪怪的組員，更是考驗智力的時候，例如有組員每次都遲到，後來小組決定，遲到要罰買飲品宴客。誰知該組員，下次仍然遲到，而且買了飲品回來。

我在同學中是較成熟的一位，因此導師給我跟進的輔導個案，都有點棘手。一個因吸食過量毒品而昏迷了幾天的少年、一個患有抑鬱症的學生，還有是要求我組織婦女小組，帶領新來港婦女適應香港生活。每次見到有問題的青少年，我都提醒自己

他們是有問題存在，我的責任是與他們一起渡過障礙。由於這一份心跡，我的案主普遍非常信任我。我設計的方案和治療過程，都得到他們的合作。帶領新移民婦女，使我了解他們的苦況與心結，設法讓他們融入香港社會，就是我的責任。

回港大上課，是另一項艱巨的挑戰。兼讀與全日制的要求完全一致，因此就有同學請了一年假，轉讀全日制。當時，課程部分老師知名度頗高，例如周永新教授、曾潔雯教授、何式凝教授等，對學生要求自然也高。還有我們的指導老師十分認真，要求嚴格。例如我對經驗學習（Experiental Learning）不太清晰，導師竟單對單向我解釋了近一小時。同學幾乎每星期都做簡報，教學模式以PBL（Problem Base Learning）為主。大部分的個案研究都是要求學生自己先找答案，然後在課堂討論。我們曾經是下午5時上課，晚上9時還未下課，可知課程的緊迫和要求。與我合作一起負責全港中學生出路研討會的同學，就是過於疲累，曾經暈倒。課程進行時，又遇上沙士襲港，處理活動，時有進退失據之感。

三年的訓練，使我胸襟變得寬大，對低下層有不其然的同情感，對十分頑劣的學生多了幾分同情。同理心加強了，易地而處的思維經常浮現。記憶中，課程之後，我從未大聲責罵過學生。

同心教育基金會（香港）

同心教育基金會（香港）
Concentric Education Foundation (Hong Kong)

同心教育基金會（香港）旨在加強香港校長及老師專業發展、提升青少年教育專業知識研討，並付諸實施，使青少年有更美的、更健康的成長環境，成為具香港心、中國情、世界觀並積極進取的良好市民、國民與公民。

理事會

主席
何志豪先生：美思糖果集團行政總裁
　　　　　　保良局己丑年主席

會長
何漢權先生：風采中學（教育評議會主辦）校長
　　　　　　香港大學中史碩士同學會會長

司庫
陳永德先生：香港中資銀行業協會副總裁
　　　　　　香港聯合交易所主板及創業板上市委員會成員

理事
朱俊浩先生：Sincere Watch (Hong Kong) Limited主席兼董事總經理
　　　　　　金利豐金融集團執行董事

吳　慧女士：鴻成貿易有限公司董事長

馬煒喬先生：曜熊有限公司行政總裁
　　　　　　香港南區扶輪社會員、社長（2007-2008）

溫幸平先生：香港中華出入口商會副會長
　　　　　　同興集團有限公司行政總裁

方兆光律師：本會義務法律顧問
　　　　　　何和禮律師行顧問律師

林展超先生：本會義務會計師
　　　　　　林展超會計師事務所股東

教育評議會簡介

教育評議會（教評會）於1994年10月成立，是由一群熱心教育工作、緊守教育崗位、關注教育事務、有志影響教育政策的教育工作者所組成。作為一個教育專業團體，教評會致力於以下三個範疇的工作：

一、專題研究
二、政策評論
三、經驗推廣

教評會認為香港特區的教育，應主要由專業教育人員領導及參與，以進行研究、設計及發展。教評會願以積極、正面、理性、專業的態度和立場推動教育改革，提高教育質素。

主席	何漢權						
副主席	黃家樑	蔡世鴻	吳嘉鳳	陳偉倫			
秘書	周鑑明						
財政	馮文正						
出版	曹啟樂						
委員	許為天	鄒秉恩	蔡國光				
增選委員	林日豐	梁鳳兒	楊佩珊	朱啟榮	周慧珍	周慧儀	鄧兆鴻
	張家俊	黃冬柏	劉湘文				

教育評議會入會申請表 (2018)

姓名(中文) _____ 身份證號碼 [　][　] ＊ ＊ [　][　] ＊ [　] （　）

姓名(英文) _____

現職院校/機構 _____ 職位 _____

其他教育公職 _____

教育興趣/
研究範圍(註明) _____

通訊地址 (中) _____

　　　(ENG) _____

院校電話 _____ 院校傳真 _____ 住宅/手提 _____

電郵 _____

推薦人/諮詢人 _____ 申請人簽署 _____

執委會專用　□接受(現金/支票 _____)

　　　　　　□不接受(原因 _____)

** 填妥本表後郵寄或傳真交回教育評議會　　　　(地址：香港新界上水清城路8號風采中學　傳真：2468-3935)

灼見名家
MASTER-INSIGHT.COM

灼見名家傳媒三周年論壇——2018施政新思維開幕典禮。（灼見名家圖片）

灼見名家傳媒由資深新聞工作者文灼非於2013年底創辦。他有超過28年的新聞經驗，曾任職《信報財經新聞》及《信報財經月刊》20年，一直追求最優質的媒體內容。

灼見名家傳媒為一家多媒體公司，於2014年10月止式啟動，標榜獨立、中肯、理性，走深度分析、評論路線，廣邀超過300位大中華、海外權威學者及專家撰稿，具國際視野。另外，編輯部定期策劃獨家專訪及整理名家精彩演講，涵蓋經濟、政局、文化、教育、投資、健康等範圍，為讀者提供不一樣的深度內容和獨到觀點。

灼見名家傳媒於2014年10月22日開幕舉辦十大校長論壇，邀請本港十間高校校長擔任演講嘉賓：郭位校長、何順文校長、陳新滋校長、鄭國漢校長、沈祖堯校長、張仁良校長、唐偉章校長、陳繁昌校長、黃玉山校長、馬斐森校長。

2015至2017年舉辦三次周年論壇，邀請了多位政、學、商、研等界別的重量級演講嘉賓，包括行政長官林鄭月娥女士、財政司司長陳茂波先生、二位前財政司司長曾俊華先生及梁錦松先生、教育局局長楊潤雄先生、騰訊聯合創辦人陳一丹先生、立法會前主席曾鈺成先生、史丹福大學傑出專家陳明銶教授等，成為中港媒體廣泛報道的盛事。

本社亦編輯優質書刊，與教育相關的包括開幕日出版《香港高等教育何去何從——十大校長訪談錄》特刊（非賣品）；2015年4月與教育評議會合作出版的《教育心宴》及2015年12月出版《校長也上課》；2016年12月出版《教育同心行》；2017年8月為香港大學專業進修學院60周年製作《活學空間60載——HKU SPACE校友的見證》；同年12月協助香港理工大學慶祝建校80周年出版《理動人心——我們的師生校友》；2018年4月出版《教育同心徑》。

灼見名家教室於2017至2018年間，分別與親子王國及Oh!爸媽合辦多場教育講座，邀得多位資深校長及校監擔任演講嘉賓，包括有陳家偉校長、黃桂玲校長、馮鄭惠儀副校監、陳曾建樂總校長、林浣心校長、曹希銓校長、陳梁淑貞校長，講座的題材及內容豐富，深受家長及教職人士歡迎，反應熱烈。

歡迎各界垂詢本社業務範圍。

教育同心徑：校長也上課三
The United Path to Enlightenment : Back to School III

出版：	同心教育基金會(香港)有限公司
地址：	香港新界大埔汀角路55號太平工業中心2座3樓
電話：	27393368
傳真：	23118592
主編：	何漢權、黃冬柏、文灼非
編輯、製作：	灼見名家傳媒
設計：	andConcept Design
發行：	聯合書刊物流 香港新界大埔汀麗路36號中華商務印刷大廈2字樓
印刷：	利高印刷有限公司 香港葵涌大連排道192-200號偉倫中心二期11樓
出版日期：	2018年4月初版
定價：	港幣78元
國際書號：	978-988-14896-3-0
圖書分類：	教育

版權所有　不得翻印

本書所有收益，扣除開支外，將捐予本港慈善機構。